APRENDE KERAS

Domina Redes Neuronales y Deep Learning con Python

Diego Rodrigues

APRENDE KERAS
Domina Redes Neuronales y Deep Learning con Python

Edición 2025

Autor: Diego Rodrigues

estudiod21portoalegre@gmail.com

Publicado por StudioD21.

Nota Importante

Los códigos y scripts presentados en este libro tienen como principal objetivo ilustrar, de forma práctica, los conceptos discutidos a lo largo de los capítulos. Fueron desarrollados para demostrar aplicaciones didácticas en entornos controlados, por lo tanto, pueden requerir adaptaciones para funcionar correctamente en contextos distintos. Es responsabilidad del lector validar las configuraciones específicas de su entorno de desarrollo antes de la implementación práctica.

Más que proporcionar soluciones listas, este libro busca incentivar una comprensión sólida de los fundamentos abordados, promoviendo el pensamiento crítico y la autonomía técnica. Los ejemplos presentados deben ser vistos como puntos de partida para que el lector desarrolle sus propias soluciones, originales y adaptadas a las demandas reales de su carrera o proyectos. La verdadera competencia técnica surge de la capacidad de interiorizar los principios esenciales y aplicarlos de forma creativa, estratégica y transformadora.

Por lo tanto, alentamos a cada lector a ir más allá de la simple reproducción de los ejemplos, utilizando este contenido como base para construir códigos y scripts con identidad propia, capaces de generar un impacto significativo en su trayectoria profesional. Ese es el espíritu del conocimiento aplicado: aprender profundamente para innovar con propósito.

Agradecemos la confianza y deseamos una jornada de estudio productiva e inspiradora.

CONTENIDO

SALUDOS

Es con gran entusiasmo que le doy la bienvenida para explorar, de manera sólida y práctica, las funcionalidades fundamentales y los recursos avanzados de la biblioteca Keras, uno de los pilares contemporáneos en el desarrollo de modelos de deep learning. Su decisión de dominar Keras representa un paso estratégico hacia la excelencia profesional, reflejando un compromiso auténtico con el dominio de las tecnologías que están moldeando el presente y el futuro de la Inteligencia Artificial.

En este libro, "APRENDE KERAS – Domina Redes Neuronales y Deep Learning con Python", encontrará un enfoque rigurosamente estructurado, alineado al Protocolo TECHWRITE 2.2, que respeta los fundamentos clásicos de la computación y valora las prácticas consagradas de la ingeniería de software y la ciencia aplicada. Cada capítulo ha sido cuidadosamente elaborado para guiarlo desde los conceptos básicos de las redes neuronales hasta las aplicaciones más complejas y especializadas, siempre con foco en la claridad técnica, la precisión conceptual y la aplicabilidad inmediata.

Al dedicarse a este contenido, usted se posiciona de manera diferenciada en un escenario donde el dominio del deep learning ha dejado de ser un diferencial para convertirse en un requisito esencial para profesionales de ciencia de datos, ingeniería de machine learning, automatización y análisis predictivo. Keras, con su interfaz intuitiva y estructura basada en buenas prácticas, permite no solo prototipar rápidamente, sino también implementar modelos robustos y escalables para entornos de producción.

Este libro está indicado tanto para quienes inician su trayectoria en el campo de las redes neuronales como para profesionales experimentados que desean consolidar sus conocimientos con un enfoque técnico, directo y altamente didáctico. La estructura progresiva garantiza que usted comprenda el funcionamiento interno de las capas, los mecanismos de aprendizaje, los flujos de entrenamiento y validación, y las mejores estrategias para aplicar regularización, ajuste fino, deployment e integración con ecosistemas como TensorFlow, Pandas y Scikit-Learn.

A lo largo de los 25 capítulos, cada uno enriquecido con ejemplos comprobados, errores comunes comentados, buenas prácticas validadas en proyectos reales y aplicaciones prácticas consistentes, usted desarrollará competencias técnicas sólidas para enfrentar los desafíos más exigentes en el campo del aprendizaje profundo.

En un mundo técnico donde las modas van y vienen, Keras se mantiene como una herramienta estable, didáctica y eficaz —y este libro honra esa tradición. Al finalizar la lectura, usted tendrá dominio sobre la construcción, entrenamiento, validación e implementación de modelos sofisticados de deep learning, capacitándose para actuar con propiedad en contextos críticos, complejos y altamente demandantes.

Sea bienvenido a esta jornada técnica y transformadora. El conocimiento sólido comienza con pasos estructurados —y usted está exactamente en el camino correcto.

Le deseo una excelente lectura y estudio.

SOBRE EL AUTOR

Diego Rodrigues
Autor Técnico y Investigador Independiente
ORCID: https://orcid.org/0009-0006-2178-634X
StudioD21 Smart Tech Content & Intell Systems
E-mail: studiod21portoalegre@gmail.com
LinkedIn: www.linkedin.com/in/diegoxpertai

Autor técnico internacional (tech writer) enfocado en la producción estructurada de conocimiento aplicado. Es fundador de StudioD21 Smart Tech Content & Intell Systems, donde lidera la creación de frameworks inteligentes y la publicación de libros técnicos didácticos con soporte de inteligencia artificial, como las series *Kali Linux Extreme, SMARTBOOKS D21*, entre otras.

Poseedor de 42 certificaciones internacionales emitidas por instituciones como IBM, Google, Microsoft, AWS, Cisco, META, Ec-Council, Palo Alto y la Universidad de Boston, actúa en los campos de Inteligencia Artificial, Machine Learning, Ciencia de Datos, Big Data, Blockchain, Tecnologías de Conectividad, Ethical Hacking e Inteligencia de Amenazas (Threat Intelligence).

Desde 2003, ha desarrollado más de 200 proyectos técnicos para marcas en Brasil, EE. UU. y México. En 2024, se consolidó como uno de los principales autores de libros técnicos de la nueva generación, con más de 180 títulos publicados en seis idiomas. Su trabajo se basa en el protocolo propio de escritura técnica aplicada TECHWRITE 2.2, orientado a la escalabilidad, precisión conceptual y aplicabilidad práctica en entornos profesionales.

PRESENTACIÓN DEL LIBRO

El avance de las redes neuronales y del aprendizaje profundo ha consolidado el Deep Learning como una de las áreas más transformadoras de la Inteligencia Artificial contemporánea. Con la creciente demanda por soluciones automatizadas, adaptativas y de alto rendimiento, dominar una herramienta accesible y poderosa como Keras se ha vuelto esencial para profesionales que desean construir modelos robustos, interpretar resultados con precisión y aplicar soluciones inteligentes en entornos reales.

Este libro, APRENDA KERAS – Domina Redes Neuronales y Deep Learning con Python, fue desarrollado para ser su guía técnica definitiva, combinando un enfoque altamente didáctico con la precisión exigida por aplicaciones avanzadas. Usted será guiado desde los conceptos fundamentales de las redes neuronales hasta técnicas especializadas en NLP, Transfer Learning, MLOps y explicabilidad de modelos, todo dentro de la estructura práctica y moderna ofrecida por Keras y su ecosistema en Python.

Iniciamos nuestra jornada en el Capítulo 1, con una introducción detallada a Keras, su historia, filosofía de simplicidad e integración con frameworks como TensorFlow. Presentamos sus ventajas frente a otras bibliotecas de deep learning y cómo se ha consolidado en el escenario actual como una de las opciones más utilizadas en la industria y en la academia.

En el Capítulo 2, usted aprenderá a configurar correctamente su entorno de desarrollo, instalar Keras a través de TensorFlow, organizar sus proyectos con una estructura profesional y probar su primer modelo neuronal con claridad y seguridad.

Avanzamos en el Capítulo 3 con la base conceptual de las redes neuronales: neuronas artificiales, capas densas, funciones de activación y los fundamentos históricos que sustentan el deep learning moderno. Este capítulo ofrece la base teórica esencial para comprender las próximas etapas de construcción y ajuste de modelos.

En el Capítulo 4, presentamos el modelo secuencial de Keras, su simplicidad y aplicabilidad en proyectos reales. Construimos redes densas, ajustamos hiperparámetros básicos y evaluamos el desempeño de forma estructurada. A continuación, en el Capítulo 5, profundizamos en los algoritmos de optimización y en las funciones de pérdida, esenciales para ajustar y evaluar el comportamiento de los modelos durante el entrenamiento.

El Capítulo 6 marca la transición hacia las redes convolucionales (CNNs), explicando cómo aplicar Conv2D, pooling, padding y filtros convolucionales en datos visuales. El Capítulo 7 introduce las redes neuronales recurrentes (RNNs), ideales para datos secuenciales y series temporales.

En los Capítulos 8 y 9, usted conocerá las poderosas variaciones de las RNNs: LSTM y GRU, además de dominar el uso de Callbacks para el control refinado del proceso de entrenamiento, guardado de modelos y programación de aprendizaje.

En el Capítulo 10, tratamos la regularización con técnicas como Dropout, Batch Normalization y penalizaciones L1/L2, fundamentales para evitar el overfitting. El Capítulo 11 presenta técnicas prácticas de preprocesamiento y data augmentation, mientras que el Capítulo 12 presenta la Functional API y el modelo por subclase (Model Subclassing), permitiendo arquitecturas más flexibles y sofisticadas.

En el Capítulo 13, usted se sumergirá en el Transfer Learning, aprovechando redes preentrenadas como VGG y

ResNet para acelerar el desarrollo de modelos de alto rendimiento. El Capítulo 14 presenta Autoencoders y reducción de dimensionalidad, mientras que el Capítulo 15 explora las GANs (Redes Generativas Adversarias), abriendo espacio para aplicaciones innovadoras como generación de imágenes y síntesis de datos.

El Capítulo 16 introduce el uso de Keras en NLP (Procesamiento de Lenguaje Natural), abordando embeddings, tokenización y redes seq2seq. En el Capítulo 17, usted aprenderá a monitorear y depurar sus modelos con TensorBoard y técnicas de visualización de activaciones internas.

A partir del Capítulo 18, el enfoque pasa a ser la preparación para entornos de producción: mostramos cómo guardar y cargar modelos, cómo escalar proyectos con GPUs y TPUs en el Capítulo 19, y cómo realizar Hyperparameter Tuning con Keras Tuner en el Capítulo 20.

En los Capítulos 21 y 22, abordamos monitoreo, observabilidad y prácticas modernas de MLOps, integrando el desarrollo de modelos a pipelines de integración y entrega continua. El Capítulo 23 trata la interpretación de modelos, explicando cómo hacer sus redes más transparentes y auditables con herramientas como saliency maps y Grad-CAM.

El Capítulo 24 explora la integración de Keras con otras bibliotecas esenciales como Pandas, Matplotlib y Scikit-Learn, consolidando la interoperabilidad entre frameworks. Y finalmente, en el Capítulo 25, usted aprenderá a implementar sus modelos de forma segura y eficiente en APIs, servicios en la nube o arquitecturas serverless, siempre con enfoque en confiabilidad y escalabilidad.

Cada capítulo está construido según el Protocolo TECHWRITE 2.2, garantizando estructura optimizada, precisión técnica y aprendizaje progresivo. Usted encontrará ejemplos prácticos comprobados, explicaciones claras, errores comunes y sus soluciones, además de buenas prácticas recomendadas para cada etapa.

Al finalizar esta obra, usted estará técnicamente preparado para aplicar Keras con confianza en proyectos profesionales, académicos o de investigación, transformando teoría en soluciones reales e impactantes.

Sea bienvenido al estudio aplicado y estructurado del Deep Learning con Keras. Este es el libro que faltaba para llevar su conocimiento técnico a un nuevo nivel.

CAPÍTULO 1. ¿QUÉ ES KERAS?

Keras es una de las bibliotecas más accesibles y populares para la construcción de modelos de deep learning, creada con el objetivo de hacer el desarrollo de redes neuronales más intuitivo, productivo y estandarizado. A lo largo de los años, se ha consolidado como una de las interfaces de más alto nivel para la construcción y entrenamiento de redes neuronales, siendo utilizada por empresas, universidades y centros de investigación en proyectos que van desde prototipos académicos hasta sistemas críticos en producción.

Historia de Keras

Keras fue creado por François Chollet, ingeniero de Google, como un proyecto de código abierto lanzado para la comunidad científica y de desarrolladores. Desde el principio, su propósito fue claro: permitir que las redes neuronales profundas pudieran ser construidas de forma rápida y con el menor roce posible. Keras no buscaba competir con frameworks de bajo nivel como TensorFlow, sino ser una capa de abstracción superior que permitiera enfocarse en la arquitectura y no en la ingeniería interna.

En la época de su creación, los frameworks de deep learning predominantes eran excesivamente verbosos, requerían un conocimiento profundo de computación de bajo nivel y tenían interfaces confusas. Keras surgió como una respuesta directa a esa complejidad, introduciendo un enfoque minimalista, basado en Python puro, con una API clara, modular y extensible.

Durante sus primeros años, Keras fue compatible con diferentes backends, como Theano, TensorFlow y Microsoft CNTK, permitiendo flexibilidad en la ejecución de los modelos. Posteriormente, se convirtió en el frontend oficial de TensorFlow, lo que consolidó aún más su presencia en el ecosistema de machine learning.

Este cambio fue estratégico. La integración nativa con TensorFlow trajo ganancias significativas de desempeño, facilidad de mantenimiento y acceso directo a recursos de GPU, TPU, soporte para MLOps y herramientas como TensorBoard, sin que el desarrollador tuviera que abandonar la simplicidad de Keras.

Integración con Otras Bibliotecas

Keras es hoy una interfaz de alto nivel totalmente incorporada a TensorFlow. Esto significa que, al importar Keras, el desarrollador está accediendo a la API a través del módulo tensorflow.keras, que garantiza compatibilidad total con los recursos más recientes de la plataforma TensorFlow, como distribución de modelos, entrenamiento en múltiples dispositivos, conversión para TensorFlow Lite y TensorFlow.js.

Aunque originalmente compatible con Theano y CNTK, estos backends cayeron en desuso y no son más mantenidos en las versiones actuales. El enfoque pasó a ser exclusivamente TensorFlow, lo que trajo estandarización y mayor integración con herramientas de producción.

Aun así, Keras sigue siendo extremadamente flexible e interoperable. Se conecta fácilmente con bibliotecas como:

- NumPy: para manipulación de arrays y datos.
- Pandas: para preparación y análisis de datos tabulares.
- Matplotlib y Seaborn: para visualización de los datos de

entrada, métricas de evaluación y resultados.

- Scikit-learn: para tareas de preprocesamiento, validación cruzada, pipelines y comparación de modelos.

Además, es posible encapsular modelos Keras dentro de pipelines de Scikit-learn o convertirlos a formatos compatibles con ONNX, posibilitando su exportación y utilización en otros entornos.

Comparación con Otras Herramientas

Keras vs PyTorch

PyTorch es actualmente la principal alternativa a Keras. Desarrollado por Facebook, PyTorch también prioriza flexibilidad y facilidad de uso. Sin embargo, utiliza un enfoque más imperativo y dinámico, lo que significa que el modelo se define línea por línea y se ejecuta inmediatamente. Esto confiere a PyTorch gran control y capacidad de depuración, siendo especialmente valorado en entornos de investigación y experimentación.

Keras, especialmente a través de TensorFlow, utiliza un enfoque más declarativo, donde la estructura del modelo se define de forma más estática y luego se compila. Esto es ventajoso para entornos de producción, ya que facilita la exportación, optimización y deployment. Con la llegada de TensorFlow 2.x, Keras incorporó ejecución dinámica con tf.function, acercándose aún más a la flexibilidad de PyTorch.

Keras vs Caffe

Caffe fue uno de los frameworks pioneros en redes convolucionales, siendo muy utilizado inicialmente en aplicaciones de visión por computadora. Sin embargo, su estructura basada en archivos de configuración en lugar de código Python lo hizo rígido, difícil de depurar y poco intuitivo para tareas complejas. Actualmente, se considera obsoleto para la mayoría de los proyectos.

Keras vs MXNet

MXNet fue adoptado por Amazon como backend oficial del AWS Deep Learning AMI. Aunque tiene buenas características de escalabilidad, la comunidad es menor y la documentación limitada en comparación al ecosistema Keras/TensorFlow.

Keras vs JAX y otras aproximaciones recientes

JAX es un framework emergente, muy valorado en proyectos de investigación por Google DeepMind. Su capacidad de auto-diferenciación y rendimiento es impresionante, pero aún exige mayor familiaridad con programación funcional y conceptos matemáticos más abstractos, lo que lo hace menos accesible para la mayoría de los desarrolladores. Keras sigue siendo más amigable para el aprendizaje, la creación de prototipos y la transición a producción.

Errores Comunes y Soluciones

Error: Importar la versión incorrecta de Keras

Con la evolución de TensorFlow, muchos tutoriales antiguos utilizan import keras, que se refiere a la versión standalone, hoy descontinuada. La forma correcta de importar es:

python

```
from tensorflow import keras
```

Esto garantiza compatibilidad con todas las funcionalidades modernas.

Error: Compilar el modelo con parámetros incompatibles
Al usar funciones de pérdida o métricas incorrectas para el tipo de salida del modelo, ocurren errores de ejecución.
Ejemplo: Utilizar categorical_crossentropy con salida escalar en lugar de one-hot encoded.
Solución: Verifique el formato de y_train. Si está utilizando etiquetas enteras (ej: 0, 1, 2), utilice sparse_categorical_crossentropy. Si las etiquetas están en forma one-hot, utilice categorical_crossentropy.

Error: Modelos que no convergen durante el entrenamiento
Entrenar redes neuronales exige equilibrio entre arquitectura, funciones de activación, optimizadores y normalización de datos. Un error común es iniciar con una red muy profunda o mal configurada, lo que puede llevar a gradientes inestables o ausencia de aprendizaje.
Solución: Comience con una arquitectura simple, normalice sus datos y monitoree las métricas por época. Utilice callbacks como EarlyStopping para evitar overfitting.

Error: Olvido de la activación en la última capa
Al construir modelos de clasificación, es común olvidar la función de activación en la capa de salida. Esto compromete completamente la calidad de la predicción.
Solución: Para clasificación binaria, utilice sigmoid. Para clasificación multiclase, utilice softmax.

Buenas Prácticas y Aplicaciones Reales

El uso de Keras en entornos profesionales sigue un conjunto de buenas prácticas consagradas, que deben aplicarse desde la fase inicial de construcción hasta el deployment final de los modelos.

- **Construya modelos progresivamente**
  En lugar de intentar montar una red compleja de inmediato, comience con modelos básicos. Valide si el pipeline de datos funciona correctamente, si los datos están bien distribuidos y si el modelo puede aprender lo mínimo necesario.
- **Utilice callbacks inteligentes**
  Callbacks como ModelCheckpoint, ReduceLROnPlateau, EarlyStopping y TensorBoard deben formar parte del flujo estándar de desarrollo. Permiten monitorear, ajustar y registrar el desempeño del modelo sin necesidad de scripts adicionales.
- **Estandarice el preprocesamiento**
  Asegure que los datos de entrenamiento, validación e inferencia pasen por las mismas etapas de normalización, tokenización o redimensionamiento. Una forma eficaz es encapsular todo en un pipeline reutilizable.
- **Documente la arquitectura del modelo**
  Registre la estructura del modelo, los parámetros de entrenamiento y la versión de los datos utilizados. Esto facilita la trazabilidad de los resultados y hace el proceso replicable.
- **Utilice Keras para aplicaciones robustas y productivas**
  Empresas como Google, Netflix, Uber y Airbus utilizan Keras para prototipar y escalar soluciones de deep learning. Se aplica en sistemas de recomendación, detección de fraudes, mantenimiento predictivo, clasificación de imágenes médicas, análisis de texto jurídico y mucho más. Su interfaz simple no compromete la robustez de las soluciones, siempre que se respeten los principios de ingeniería.

Keras representa una de las mayores conquistas de la

computación aplicada al aprendizaje profundo. Su simplicidad de uso no es sinónimo de limitación, sino de un diseño cuidadosamente planeado, pensado para acelerar el aprendizaje, facilitar el desarrollo y garantizar la transición suave hacia producción.

Al comprender su historia, sus diferenciales y su integración nativa con el ecosistema TensorFlow, usted estará preparado para aprovechar todo el potencial de la biblioteca a lo largo de los próximos capítulos. Esta base conceptual le permitirá construir modelos con confianza, evitar errores recurrentes y aplicar buenas prácticas consolidadas en proyectos de alto impacto.

CAPÍTULO 2. INSTALACIÓN Y CONFIGURACIÓN DEL ENTORNO

Todo desarrollo técnico sólido comienza con un entorno bien configurado. El uso de herramientas de aprendizaje profundo como Keras exige una preparación adecuada, garantizando que el proceso de construcción, entrenamiento, evaluación e implementación de modelos ocurra sin interrupciones. Un entorno limpio, versionado y estandarizado evita retrabajo, facilita la colaboración y hace el proceso de aprendizaje más fluido. Este capítulo cubre la instalación de Python, configuración de Keras con TensorFlow, estructuración ideal de proyectos y buenas prácticas para mantener un entorno de trabajo estable y profesional.

Instalando Python y Keras

La base de todo el desarrollo con Keras es Python. La versión recomendada es la 3.10 o superior. Siempre que sea posible, se debe evitar instalar bibliotecas directamente en el sistema operativo. El uso de entornos virtuales garantiza aislamiento de dependencias, mayor control sobre las versiones y reproducibilidad entre proyectos.

La instalación de Python puede hacerse a través del sitio oficial o mediante Anaconda, que ya incluye herramientas útiles como Jupyter Notebook. Sin embargo, la recomendación práctica para entornos profesionales y reproducibles es utilizar venv (entorno virtual nativo de Python) o virtualenv.

La secuencia para crear un entorno virtual funcional es la

siguiente:

bash

```
python -m venv keras-env
```

Este comando crea un nuevo directorio llamado keras-env, que contiene todos los binarios y bibliotecas aisladas.

Para activar el entorno virtual:
En Windows:

bash

```
keras-env\Scripts\activate
```

En macOS y Linux:

bash

```
source keras-env/bin/activate
```

Con el entorno activo, el siguiente paso es instalar Keras. Desde su incorporación a TensorFlow, no se recomienda instalar Keras de forma separada. La forma oficial, confiable y actualizada es instalar TensorFlow, que incluye Keras como parte de su módulo:

bash

```
pip install tensorflow
```

Esto instalará la versión más reciente de TensorFlow, incluyendo el subpaquete tensorflow.keras, además de otras dependencias necesarias para el desarrollo con CPU.

Para usuarios con GPU compatible (NVIDIA), es posible instalar la versión con aceleración gráfica, lo que mejora significativamente el rendimiento en entrenamientos extensos:

bash

```
pip install tensorflow[and-cuda]
```

Antes de continuar con la codificación, es importante actualizar pip y otras herramientas de instalación:

bash

```
pip install --upgrade pip setuptools wheel
```

La instalación completa puede tardar algunos minutos. Al final, el entorno estará listo para uso con Keras dentro de TensorFlow.

Verificando la Instalación

La verificación del entorno es una etapa esencial para garantizar que todo fue instalado correctamente y que los paquetes están operativos. El siguiente script básico en Python ayuda a comprobar el funcionamiento de Keras y la versión de TensorFlow:

python

```
import tensorflow as tf


print("Versión de TensorFlow:", tf.__version__)
print("¿Keras está disponible?", hasattr(tf, 'keras'))
```

Si el script se ejecuta sin errores y devuelve la versión de TensorFlow y la disponibilidad de Keras, el entorno está configurado correctamente.

También es posible probar la construcción de un modelo simple con una capa densa:

python

```
from tensorflow.keras.models import Sequential
from tensorflow.keras.layers import Dense

modelo = Sequential()
modelo.add(Dense(units=10, activation='relu',
input_shape=(5,)))
modelo.summary()
```

Este código define un modelo secuencial con una única capa densa de 10 neuronas, activación ReLU y entrada de 5 variables. El comando summary() imprime la arquitectura de la red y ayuda a identificar si Keras está operativo.

Estructura del Proyecto

Mantener una estructura de proyecto limpia y estandarizada es fundamental para la productividad, mantenibilidad e integración con pipelines automatizados. La estructura ideal sigue principios clásicos de ingeniería de software y organización modular de código, conforme al enfoque TECHWRITE 2.1. El modelo recomendado incluye:

- datos/: archivos de entrada brutos, CSVs, imágenes, textos o JSONs.

- scripts/: código Python modularizado, con funciones y clases reutilizables.

- modelos/: archivos de red entrenados (extensión .h5 o .keras), checkpoints y logs de entrenamiento.

- notebooks/: cuadernos interactivos para exploración de datos, prototipado y documentación técnica.

- config/: archivos auxiliares de configuración, como requirements.txt, archivos .env y parámetros de ejecución.

- outputs/: gráficos, predicciones generadas, archivos exportados e informes.

La creación de esta estructura puede hacerse con los comandos:

bash

```
mkdir datos scripts modelos notebooks config outputs
touch config/requirements.txt
```

El archivo requirements.txt es donde se definen las bibliotecas utilizadas en el proyecto. Una versión básica incluye:

nginx

```
tensorflow
pandas
numpy
matplotlib
scikit-learn
```

El uso de requirements.txt permite la reproducción del entorno en otras máquinas con:

bash

```
pip install -r config/requirements.txt
```

Esta estructura modular permite que el proyecto crezca con claridad, facilitando pruebas, integración con Git e implementación futura.

Errores Comunes y Soluciones

Error: ImportError: No module named 'tensorflow'
Este error ocurre cuando TensorFlow no fue instalado correctamente o el entorno virtual no fue activado.

La **solución** es revisar los pasos de activación y garantizar que pip install tensorflow fue ejecutado dentro del entorno activo.

Error: Incompatibilidad de versión con el sistema operativo
Algunos usuarios enfrentan dificultades al instalar versiones recientes de TensorFlow en sistemas operativos desactualizados o que no poseen soporte adecuado para la versión de Python elegida.

La **recomendación** es mantener Python actualizado (idealmente en la versión 3.10 o superior) y utilizar sistemas operativos con soporte activo.

Error: Uso de la versión standalone de Keras
La instalación del paquete keras de forma aislada ya no es recomendada y puede generar conflictos. La forma correcta es utilizar siempre el módulo tensorflow.keras.

Error: Falta de GPU o incompatibilidad con CUDA

Para utilizar GPU, es necesario que el sistema posea una tarjeta NVIDIA compatible, controlador actualizado, CUDA Toolkit y cuDNN instalados. En caso de error, la recomendación es comenzar con la versión CPU para validar los scripts y después configurar la GPU con calma, utilizando la documentación oficial de TensorFlow.

Buenas Prácticas y Aplicaciones Reales

Un entorno bien estructurado acelera el desarrollo, reduce el tiempo de troubleshooting y favorece la colaboración en equipo. Entre las buenas prácticas más importantes:

- Utilice entornos virtuales distintos para cada proyecto, evitando conflictos de dependencia.

- Versione su requirements.txt y sus notebooks con Git.

- Documente comandos de instalación y pasos de configuración en un README.md.

- Siempre inicie sus notebooks con un bloque de verificación de versión de las bibliotecas.

- Utilice logs para registrar versiones de modelos y parámetros utilizados durante los entrenamientos.

En proyectos reales, estas prácticas permiten la reproducibilidad de experimentos, facilitan la auditoría de modelos, la colaboración entre equipos y el deployment de soluciones confiables. En empresas y startups de tecnología, la organización del entorno de desarrollo suele ser el diferencial entre un proyecto exitoso y un producto inestable.

La correcta configuración del entorno es la base para cualquier proyecto con Keras. Garantiza no solo la ejecución del código, sino la estabilidad del ciclo completo de desarrollo. Un entorno estandarizado, probado y versionado reduce drásticamente el riesgo de fallos inesperados, acelera el desarrollo y prepara la base para la construcción de modelos robustos de deep learning. Al seguir las orientaciones de este capítulo, usted estará listo para comenzar a explorar las arquitecturas neuronales, con seguridad y profesionalismo. La base está lista. El conocimiento ahora será construido capa por capa.

CAPÍTULO 3. CONCEPTOS FUNDAMENTALES DE REDES NEURONALES

El desarrollo de la inteligencia artificial moderna está profundamente ligado a la evolución de las redes neuronales artificiales. Comprender sus fundamentos es esencial para utilizar Keras de manera consciente, eficiente y estratégica. La construcción de modelos no debe limitarse a la replicación de códigos ya hechos, sino estar guiada por un conocimiento sólido sobre los principios que rigen el comportamiento de cada capa, cada conexión y cada función de activación. Este capítulo presenta las bases históricas, conceptuales y computacionales que sustentan las redes neuronales e introduce la lógica estructural de los modelos que serán construidos a lo largo de este manual.

Neuronas Artificiales: Inspiración biológica y evolución histórica

El concepto de red neuronal surgió a partir de la observación del funcionamiento del cerebro humano. Las sinapsis biológicas, responsables de la comunicación entre neuronas, inspiraron a matemáticos e ingenieros a simular este comportamiento mediante sistemas computacionales. Al principio, el intento era reproducir con precisión la estructura biológica, lo que se demostró inviable. Con el tiempo, el enfoque pasó a ser la abstracción del comportamiento funcional.

El primer modelo computacional de una neurona fue propuesto por Warren McCulloch y Walter Pitts. Este modelo simplificado realizaba una suma ponderada de las entradas y aplicaba una función de activación binaria. Aunque rudimentario, estableció las bases para los sistemas que vendrían después.

El gran cambio ocurrió con la propuesta del perceptrón por Frank Rosenblatt. Se trata de un modelo con múltiples entradas, pesos ajustables, un umbral y una salida binaria. El perceptrón es considerado el ancestro directo de las redes neuronales modernas. Durante un tiempo, sus limitaciones, como la incapacidad de resolver problemas no linealmente separables, enfriaron el interés por el tema. Años más tarde, el surgimiento del perceptrón multicapa (MLP) y el algoritmo de retropropagación permitieron avances expresivos. La combinación de grandes volúmenes de datos, poder computacional y nuevas técnicas de optimización llevó al renacimiento del campo.

Hoy en día, las redes neuronales se utilizan en áreas como reconocimiento de voz, visión por computadora, traducción automática, bioinformática, modelado predictivo, sistemas de recomendación, juegos, entre innumerables otras aplicaciones.

Arquitecturas de capas: Perceptrones, densas y funciones de activación

La arquitectura de una red neuronal está definida por la forma en que las neuronas artificiales están organizadas. Cada capa representa una transformación de los datos de entrada. La capa más simple se llama capa densa, o completamente conectada, en la cual cada neurona recibe entrada de todas las neuronas de la capa anterior.

El perceptrón simple posee una única capa de salida. Sin embargo, para que la red sea capaz de aprender patrones más complejos, es necesario introducir capas ocultas. Este conjunto de capas forma el perceptrón multicapa, donde cada capa adicional representa una nueva abstracción de la información. Cuantas más capas y neuronas, mayor la capacidad de representación de la red.

Cada neurona realiza dos operaciones fundamentales: el cálculo de la combinación ponderada de las entradas y la aplicación de una función de activación. La función de activación es responsable de introducir no linealidad al sistema, permitiendo que la red aprenda relaciones más complejas.
Las funciones de activación más utilizadas son:

- ReLU (Rectified Linear Unit): devuelve cero para valores negativos y mantiene los positivos. Es ampliamente utilizada por su simplicidad y eficiencia computacional.

- Sigmoid: comprime los valores entre 0 y 1, ideal para salidas probabilísticas en problemas binarios.

- Tanh: similar a sigmoid, pero con salida entre -1 y 1.

- Softmax: transforma un vector de valores en una distribución de probabilidades, utilizada en clasificaciones multiclase.

La elección de la función de activación impacta directamente en el rendimiento del modelo, especialmente en relación a la convergencia durante el entrenamiento.

Fundamentos computacionales: suma ponderada y activación

El núcleo de funcionamiento de una red neuronal es la suma ponderada de las entradas, seguida de la aplicación de la función de activación. Cada entrada es multiplicada por un peso específico. Estos pesos representan la importancia relativa de cada entrada. La suma de estas multiplicaciones se añade a un término llamado sesgo, que ajusta el punto de activación de la función. Este proceso se realiza para cada neurona de la red.

La retropropagación del error permite ajustar los pesos de manera que se reduzca el error de salida en relación al valor esperado. Este proceso iterativo se realiza durante el entrenamiento, utilizando algoritmos de optimización como el descenso de gradiente.

En Keras, la construcción de una red densa con activación ReLU y salida sigmoide puede realizarse de la siguiente manera:

python

```python
from tensorflow.keras.models import Sequential
from tensorflow.keras.layers import Dense


modelo = Sequential()
modelo.add(Dense(units=64, activation='relu',
input_shape=(20,)))
modelo.add(Dense(units=1, activation='sigmoid'))
```

Este código crea un modelo con una capa oculta que contiene 64 neuronas y una capa de salida con una única neurona. La entrada posee 20 variables. El modelo puede ser utilizado para un problema de clasificación binaria.

La función Dense representa la capa completamente conectada. El parámetro units define cuántas neuronas tendrá la capa. La función de activación se pasa mediante el argumento activation, y el formato de entrada se define en input_shape.

Errores comunes y soluciones

Error: La red no aprende incluso después de muchas épocas
Esto puede ocurrir debido a una elección inadecuada de la función de activación, a una arquitectura mal dimensionada o a la ausencia de normalización de los datos.
Solución: Utilice ReLU en las capas ocultas y normalice los datos de entrada para que estén en un rango coherente, como entre 0 y 1.

Error: Explosión o desaparición del gradiente
Sucede cuando los valores de las activaciones crecen o disminuyen de forma exponencial durante el entrenamiento, impidiendo la actualización de los pesos.
Solución: Utilice inicializaciones adecuadas, como he_normal para ReLU. Utilice funciones de activación robustas y aplique normalización en las capas, como batch normalization.

Error: Overfitting con redes muy profundas
Modelos con muchas capas pueden aprender ruidos de los datos, perdiendo capacidad de generalización.
Solución: Reduzca el número de capas o unidades, aplique dropout, aumente el conjunto de datos con técnicas de data augmentation y utilice validación cruzada para medir el rendimiento.

Error: Uso de función de activación inadecuada en la salida
Utilizar ReLU o tanh en la capa de salida puede generar resultados inválidos, especialmente en clasificaciones.
Solución: Para clasificación binaria, utilice sigmoid; para multiclase, utilice softmax.

Buenas prácticas y aplicaciones reales

- La construcción de redes neuronales exige equilibrio entre complejidad y capacidad de generalización. El uso de capas densas es ideal para datos estructurados, como tablas con columnas numéricas y categóricas ya procesadas.
- Al diseñar un modelo, inicie con una arquitectura simple y monitoree su desempeño en datos de validación. Aumente gradualmente la complejidad solo si es necesario. Utilice siempre funciones de activación apropiadas y asegúrese de que los datos estén bien preparados.
- En contextos reales, redes densas se utilizan en predicción de series temporales, sistemas de recomendación, clasificación de clientes, análisis de riesgo y modelado predictivo en sectores como salud, finanzas y logística. La flexibilidad de las redes densas permite su integración con otras arquitecturas, como convolucionales o recurrentes, formando modelos híbridos y altamente expresivos.
- Otra práctica recomendada es el uso de callbacks durante el entrenamiento. EarlyStopping ayuda a interrumpir el entrenamiento cuando el desempeño de validación ya no mejora, evitando overfitting. ModelCheckpoint guarda automáticamente el modelo con mejor desempeño, garantizando reproducibilidad.

Las redes neuronales no son solo conjuntos de fórmulas. Representan la formalización computacional de una idea poderosa: la capacidad de aprender a partir de datos. Comprender sus fundamentos permite construir modelos más eficientes, interpretar resultados con mayor claridad y tomar decisiones más fundamentadas al ajustar hiperparámetros, elegir funciones de activación y diseñar soluciones.

El dominio de los conceptos abordados aquí es esencial para el uso estratégico de Keras y para la construcción de modelos que vayan más allá de la experimentación y alcancen robustez en entornos reales. El camino hacia el aprendizaje profundo comienza con estas bases bien definidas. A partir de ellas, todo el resto de la jornada en deep learning se torna más claro, eficiente y técnicamente consistente.

CAPÍTULO 4. MODELOS SECUENCIALES EN KERAS

Construir redes neuronales con claridad y precisión comienza por la comprensión de la estructura más directa ofrecida por Keras: el modelo secuencial. Se trata de un enfoque lineal y modular que permite apilar capas de forma controlada, posibilitando la construcción de arquitecturas densas y profundas con pocas líneas de código. Con el modelo secuencial, el desarrollador tiene acceso inmediato a un flujo de implementación progresivo, donde cada capa alimenta directamente a la siguiente, respetando una lógica unidireccional que facilita la depuración, el ajuste y la expansión de la red. Este capítulo detalla la construcción, compilación y entrenamiento de modelos secuenciales, destacando el uso de capas densas, parámetros fundamentales y prácticas que garantizan la consistencia del proceso.

Estructura secuencial: concepto de Sequential, capas y método add()

Keras ofrece dos formas principales de construir modelos: la API secuencial y la API funcional. La API secuencial es la más directa e indicada para modelos donde cada capa tiene una única entrada y una única salida. Esta estructura lineal sigue la lógica tradicional de procesamiento en cadena, facilitando el aprendizaje y la implementación.

El objeto Sequential() representa la base del modelo. Se inicia vacío y se llena con capas añadidas en el orden en que serán procesadas. El método add() permite apilar capas, que se aplican de forma secuencial, una sobre otra.

La sintaxis básica para la creación de un modelo secuencial es:

python

```
from tensorflow.keras.models import Sequential
from tensorflow.keras.layers import Dense


modelo = Sequential()
modelo.add(Dense(units=64, activation='relu',
input_shape=(10,)))
modelo.add(Dense(units=32, activation='relu'))
modelo.add(Dense(units=1, activation='sigmoid'))
```

Este código crea un modelo con tres capas: una capa densa con 64 neuronas y activación ReLU, una segunda con 32 neuronas y una salida con activación sigmoide, apropiada para clasificación binaria. El parámetro input_shape define el formato de la entrada, indicando que el modelo espera un vector con 10 variables. Este parámetro debe ser informado solo en la primera capa.

La estructura secuencial es recomendada para problemas supervisados con datos tabulares o imágenes vectorizadas, donde no hay necesidad de múltiples entradas o ramificaciones internas. Su claridad facilita el entendimiento de la arquitectura y el seguimiento del flujo de datos entre las capas.

Dense Layers: construcción de redes densas fully-connected

Las capas densas son el bloque fundamental de los modelos secuenciales. Cada neurona de una capa densa recibe entrada de todas las neuronas de la capa anterior, haciéndola totalmente conectada. Esto garantiza que la red tenga la capacidad de capturar relaciones complejas entre los datos de entrada y la variable de salida.

El parámetro principal de la capa Dense es units, que define el número de neuronas en la capa. El segundo parámetro fundamental es activation, que define la función de activación aplicada a la salida de cada neurona.

Las capas densas son especialmente eficaces para problemas donde los datos ya han sido preprocesados y están representados en forma vectorial. Son versátiles y permiten la creación de redes con diferentes profundidades y complejidades.

A continuación, una versión más robusta de una red densa para clasificación binaria:

python

```
modelo = Sequential()

modelo.add(Dense(units=128, activation='relu',
input_shape=(20,)))

modelo.add(Dense(units=64, activation='relu'))

modelo.add(Dense(units=32, activation='relu'))

modelo.add(Dense(units=1, activation='sigmoid'))
```

Esta red posee tres capas ocultas y una de salida. La activación relu se utiliza en las capas intermedias por su eficiencia computacional y capacidad de evitar el problema del gradiente desaparecido. La salida sigmoid transforma el resultado final en un valor entre 0 y 1, representando una probabilidad para clasificación binaria.

Compilación y ajuste: compile, fit y sus argumentos

Después de definir la arquitectura del modelo, es necesario

compilarlo antes de iniciar el entrenamiento. La compilación configura tres elementos fundamentales: la función de pérdida, el optimizador y las métricas de evaluación. Estos componentes determinan cómo el modelo será entrenado, cómo se actualizarán los pesos y cómo se medirá el desempeño.

La función compile() realiza esta configuración:

python

```
modelo.compile(optimizer='adam', loss='binary_crossentropy',
metrics=['accuracy'])
```

- optimizer: define el algoritmo de actualización de los pesos. El más utilizado es Adam, que combina las ventajas del SGD con adaptación de la tasa de aprendizaje.

- loss: función de pérdida usada para medir el error entre la predicción del modelo y los valores reales. Para problemas de clasificación binaria, se utiliza binary_crossentropy.

- metrics: define qué métricas serán monitoreadas durante el entrenamiento. accuracy es la métrica estándar para tareas de clasificación.

Con el modelo compilado, el siguiente paso es el entrenamiento, realizado con el método fit():

python

```
modelo.fit(x_entrenamiento, y_entrenamiento, epochs=20,
batch_size=32, validation_split=0.2)
```

- x_entrenamiento: conjunto de datos de entrada.

- y_entrenamiento: etiquetas correspondientes.

- epochs: número de pasadas completas por el conjunto de datos.

- batch_size: número de muestras procesadas antes de actualizar los pesos.

- validation_split: define la fracción de los datos de entrenamiento que será utilizada como validación interna.

Durante el entrenamiento, Keras mostrará el progreso por época, informando las métricas de desempeño para los conjuntos de entrenamiento y validación. Esto permite monitorear el comportamiento del modelo y detectar señales de overfitting o underfitting.

Errores comunes y soluciones

Error: Falta del parámetro input_shape en la primera capa
Sin este parámetro, Keras no puede inferir el tamaño de la entrada, resultando en un error de construcción de la red.
Solución: siempre informe input_shape en la primera capa densa.

Error: Incompatibilidad entre la función de activación de salida y la función de pérdida
Si el modelo utiliza una activación softmax y la función de pérdida binary_crossentropy, el comportamiento del modelo será inconsistente.
Solución: para clasificación binaria, utilice sigmoid con binary_crossentropy; para clasificación multiclase, utilice softmax con categorical_crossentropy.

Error: Tasa de aprendizaje demasiado alta o demasiado baja
Cuando la tasa de aprendizaje es muy alta, el modelo oscila sin converger. Si es muy baja, el proceso es lento y puede no alcanzar mínimos globales.
Solución: utilice optimizadores adaptativos como adam, que ajustan automáticamente la tasa de aprendizaje, o configure manualmente con valores entre 0.001 y 0.0001.

Error: Métrica de precisión estancada
La precisión puede no mejorar por varios motivos: arquitectura inadecuada, datos desbalanceados o problemas de preprocesamiento.
Solución: revise la estructura del modelo, normalice los datos y aplique técnicas de balanceo como oversampling o penalización de clases.

Buenas prácticas y aplicaciones reales

- Al construir modelos secuenciales, el uso de arquitectura progresiva es altamente recomendado. Comience con pocas capas y neuronas, valide el rendimiento y ajuste según sea necesario. Redes con muchas capas y parámetros pueden volverse inestables o sufrir overfitting.
- Utilice callbacks para controlar el entrenamiento. EarlyStopping evita entrenamientos innecesarios tras la estancación del desempeño de validación. ModelCheckpoint guarda automáticamente el mejor modelo durante el proceso.
- Estandarice el preprocesamiento de los datos antes de alimentar el modelo. Escalar los datos entre 0 y 1 o estandarizarlos con media cero y desviación

estándar unitaria mejora el desempeño y la estabilidad del entrenamiento.

Las redes secuenciales se utilizan en una amplia gama de aplicaciones, como:

- Clasificación de clientes en sistemas CRM

- Predicción de fallos en mantenimiento predictivo

- Diagnóstico médico con datos estructurados

- Modelos de crédito y riesgo financiero

- Regresiones para precios y previsión de demanda

La simplicidad del modelo secuencial no lo hace limitado. Al contrario, es una herramienta poderosa para resolver una vasta gama de problemas, especialmente cuando se combina con buenas prácticas de ingeniería y seguimiento sistemático del desempeño.

Los modelos secuenciales en Keras representan la puerta de entrada ideal al aprendizaje profundo aplicado. Su estructura clara, combinada con la capacidad de apilar capas densas, permite la construcción de redes altamente expresivas con bajo esfuerzo de implementación. Al dominar la definición de la arquitectura, los parámetros de compilación y los métodos de entrenamiento, el desarrollador está apto para entregar soluciones robustas y eficientes, alineadas con las mejores prácticas de la ingeniería de machine learning.

La jornada con Keras se fortalece a partir de esta base. A partir de este entendimiento, se vuelve posible explorar arquitecturas más avanzadas, personalizaciones y técnicas de regularización, siempre sustentadas en la misma lógica: simplicidad, modularidad y claridad. Cada capa añadida, cada ajuste de hiperparámetro y cada evaluación de métrica pasa a formar parte de un proceso técnico consciente, con foco total en resultados. Esta es la esencia de la modelación secuencial con Keras.

CAPÍTULO 5. OPTIMIZADORES Y FUNCIONES DE PÉRDIDA

Los modelos de redes neuronales aprenden ajustando sus pesos a partir de la diferencia entre los valores previstos y los valores reales. Este proceso de ajuste es guiado por dos elementos fundamentales: la función de pérdida, que mide el error de la predicción, y el optimizador, que decide cómo deben actualizarse los pesos para reducir ese error. Comprender la lógica y el papel de cada uno es esencial para construir modelos eficientes, interpretar su comportamiento durante el entrenamiento y garantizar una convergencia sólida y estable. El buen uso de estos elementos permite no solo mejorar el rendimiento del modelo, sino también entender sus limitaciones y ajustar estrategias según el tipo de problema.

Gradient Descent Tradicional: valorar el pasado y las iteraciones manuales

El algoritmo de descenso de gradiente es la base histórica de la optimización en redes neuronales. Parte de la idea de ajustar los pesos para minimizar la función de pérdida, siguiendo la dirección del gradiente negativo. En cada iteración, los pesos se actualizan un poco en la dirección que más reduce el error.

Este proceso requiere el cálculo de la derivada de la función de pérdida respecto a los pesos. El término "descendente" proviene del hecho de que el algoritmo busca descender la superficie de error en busca de un mínimo.

En la práctica, el descenso de gradiente tradicional es poco utilizado aisladamente, principalmente porque realiza el cálculo en todo el conjunto de datos en cada paso, lo que lo hace lento e ineficiente en grandes bases de datos. Sin embargo, sirve como referencia para el entendimiento de los optimizadores modernos.

Una implementación conceptual sería:

python

```
pesos = pesos - tasa_aprendizaje * gradiente
```

La tasa de aprendizaje (learning rate) controla el tamaño del paso dado en la dirección del gradiente. Un valor muy alto puede hacer que el modelo nunca converja; un valor muy bajo puede tornar el proceso extremadamente lento.

El surgimiento del stochastic gradient descent (SGD), donde los pesos se actualizan en cada mini-batch de datos en lugar de todo el conjunto, permitió grandes avances en velocidad y capacidad de generalización. Aun así, el SGD puro puede oscilar mucho, especialmente en funciones de error con mesetas o mínimos locales inestables.

Adam, RMSprop y otros enfoques: diferencias, casos de uso e impacto en la convergencia

Para superar las limitaciones del SGD, se desarrollaron optimizadores más sofisticados. Adam es el más utilizado actualmente, combinando las ideas del momentum y de la adaptación de la tasa de aprendizaje para cada parámetro. Calcula medias móviles de los gradientes y sus cuadrados, estabilizando el proceso de aprendizaje incluso en redes profundas o con datos ruidosos.

Al compilar un modelo en Keras, Adam puede llamarse directamente:

python

```
from tensorflow.keras.optimizers import Adam
```

```
modelo.compile(optimizer=Adam(learning_rate=0.001),
loss='binary_crossentropy', metrics=['accuracy'])
```

RMSprop es una variación que también ajusta la tasa de aprendizaje de cada parámetro basado en su varianza reciente. Es particularmente eficaz en problemas con datos secuenciales y redes recurrentes.

Otros optimizadores incluyen:

- SGD con momentum: acumula gradientes anteriores para acelerar en direcciones consistentes y suavizar oscilaciones.

- Adagrad: adapta la tasa de aprendizaje por parámetro según la frecuencia de actualizaciones.

- Adadelta: evolución del Adagrad que limita el crecimiento excesivo del acúmulo de gradientes.

- Nadam: combinación de Adam con Nesterov momentum, mejorando aún más la estabilidad.

La elección del optimizador depende de la naturaleza del problema y del comportamiento esperado del modelo. Adam es la opción estándar para la mayoría de los casos, mientras que RMSprop puede ser preferido en problemas de series temporales y SGD con momentum es útil cuando se busca mayor control manual sobre el proceso.

Funciones de pérdida: MSE, cross-entropy y variaciones comunes

La función de pérdida mide cuánto se equivoca el modelo en sus predicciones. Su valor se utiliza para guiar la actualización de los pesos durante el entrenamiento. La elección de la función de pérdida está directamente ligada al tipo de salida del modelo y a la naturaleza del problema.

La función mean squared error (MSE) es la más común en regresión. Mide el cuadrado de la diferencia entre el valor real y el predicho. Su enfoque es minimizar el error absoluto, penalizando más intensamente los errores mayores. En Keras, puede utilizarse así:

python

```
modelo.compile(optimizer='adam', loss='mean_squared_error')
```

Ya la función binary cross-entropy se utiliza en clasificaciones binarias. Mide la distancia entre dos distribuciones de probabilidad, tratando la salida del modelo como una probabilidad de pertenecer a la clase positiva. Se aplica cuando la salida del modelo es una activación sigmoide:

python

```
modelo.compile(optimizer='adam', loss='binary_crossentropy')
```

Para problemas con múltiples clases, se utiliza categorical cross-entropy. Cuando las etiquetas están codificadas como vectores one-hot, esta es la función adecuada:

python

```
modelo.compile(optimizer='adam',
loss='categorical_crossentropy')
```

Cuando las etiquetas están codificadas como enteros (sin one-hot), la función correcta es sparse categorical cross-entropy:

python

```
modelo.compile(optimizer='adam',
loss='sparse_categorical_crossentropy')
```

La elección incorrecta de la función de pérdida compromete el entrenamiento, incluso cuando la arquitectura del modelo está correcta.

Funciones alternativas, como Huber loss y log-cosh, pueden utilizarse en situaciones específicas de regresión donde hay outliers o datos asimétricos. En clasificación, focal loss puede ser usada para tratar clases desbalanceadas.

Errores comunes y soluciones

Error: La función de pérdida no concuerda con la salida del modelo
Esto ocurre frecuentemente cuando se utiliza una función de activación inadecuada en la capa de salida junto con una función de pérdida incompatible. Por ejemplo, utilizar relu con binary_crossentropy.
Solución: use sigmoid para clasificación binaria con binary_crossentropy; use softmax con categorical_crossentropy; para regresión, utilice linear con mean_squared_error.

Error: Entrenamiento estancado
La estancación ocurre cuando el modelo ya no consigue mejorar la función de pérdida. Puede ser causada por una tasa de aprendizaje incorrecta, datos mal preparados o arquitectura excesivamente simple.

Solución: experimente con diferentes valores de learning_rate, normalice los datos, aumente la complejidad de la red o introduzca regularización y dropout.

Error: Overfitting evidente incluso con buena función de pérdida en entrenamiento

El modelo aprende demasiado los datos de entrenamiento y pierde capacidad de generalización.

Solución: monitoree la pérdida en validación, utilice EarlyStopping, aplique técnicas de regularización y aumente el conjunto de datos con data augmentation.

Error: Optimizador inestable

Algunos optimizadores son sensibles a inicializaciones y escalas de datos.

Solución: use inicializaciones como He o Glorot, normalice los datos de entrada y considere cambiar de optimizador.

Buenas prácticas y aplicaciones reales

- La elección del optimizador y de la función de pérdida siempre debe hacerse con base en el análisis del problema. En tareas de regresión, evite utilizar clasificadores por conveniencia. En clasificación, garantice que los datos estén bien etiquetados y codificados adecuadamente.
- Mantenga un registro de las métricas durante el entrenamiento y acompañe la evolución de la pérdida junto con las métricas de evaluación. No siempre una pérdida menor significa mejor desempeño práctico, especialmente cuando se trata de clasificación con datos desbalanceados.
- Utilice callbacks para reducir la función de

pérdida de forma inteligente. ReduceLROnPlateau permite ajustar dinámicamente la tasa de aprendizaje cuando la pérdida se estanca, mejorando la convergencia. Combínelo con ModelCheckpoint para guardar los pesos con mejor desempeño y garantizar la reproducibilidad.

En aplicaciones reales, funciones de pérdida y optimizadores bien configurados marcan la diferencia en áreas críticas como:

- Predicción de demanda con alta estacionalidad en comercio minorista

- Diagnóstico médico con datos ruidosos y clases desbalanceadas

- Detección de fraudes en pagos con señales sutiles y dispersas

- Clasificación de textos con ambigüedad semántica y múltiples interpretaciones

En estos escenarios, el ajuste fino de la función de pérdida y del optimizador eleva significativamente el rendimiento del modelo.

Los optimizadores y las funciones de pérdida forman el núcleo del proceso de aprendizaje en redes neuronales. Comprender sus funciones, limitaciones e interdependencia es un paso fundamental en la construcción de modelos confiables. Más que aplicar comandos, el dominio de estos elementos exige razonamiento técnico, sentido de proporción y capacidad de adaptación a diferentes tipos de datos y objetivos.

La elección cuidadosa de la función de pérdida garantiza que el modelo esté realmente aprendiendo lo que se propone resolver. El uso de optimizadores apropiados asegura estabilidad, velocidad y consistencia en el proceso de convergencia. Juntos, estos dos componentes forman el motor de la inteligencia computacional que será perfeccionado continuamente a lo largo del desarrollo de soluciones con Keras.

CAPÍTULO 6. CAPAS DE CONVOLUCIÓN (CNN)

Las redes neuronales convolucionales transformaron el campo de la visión por computadora. Su estructura está basada en principios matemáticos bien definidos e inspirada en la forma en que el sistema visual humano procesa imágenes. El surgimiento de las CNNs permitió que tareas como reconocimiento facial, detección de objetos, clasificación de imágenes y segmentación se volvieran automáticas, precisas y altamente escalables. A diferencia de las redes densas, que tratan cada entrada como un valor independiente, las CNNs consideran relaciones espaciales entre los datos. Este capítulo presenta los fundamentos prácticos de las capas convolucionales en Keras, incluyendo los componentes esenciales como Conv2D, pooling y padding, culminando en la construcción de un modelo funcional para tareas de clasificación de imágenes.

Visión general: raíces en la visión por computadora clásica

Antes de las CNNs, la extracción de características en imágenes se realizaba manualmente con filtros y operadores matemáticos, como Sobel, Laplaciano y Canny. Estas técnicas exigían conocimiento previo de la estructura visual de las imágenes, haciendo que los sistemas dependieran de especialistas y fueran poco adaptables a nuevos contextos. Las CNNs automatizaron este proceso al permitir que la red aprendiera los filtros directamente a partir de los datos.

La primera aplicación práctica de redes convolucionales fue

la LeNet-5, desarrollada por Yann LeCun, utilizada en la lectura automática de cheques bancarios. Esta arquitectura ya contaba con capas convolucionales intercaladas con pooling y capas densas al final, creando una estructura eficiente para el reconocimiento de patrones visuales.

Con el aumento de la capacidad computacional y el acceso a grandes conjuntos de datos etiquetados, redes como AlexNet, VGG, Inception y ResNet elevaron el rendimiento en benchmarks internacionales y fueron adoptadas en sistemas de producción a gran escala.

Las CNNs son hoy en día el estándar para tareas que involucran datos con estructura espacial, como imágenes, vídeos, datos tridimensionales, series temporales multivariadas e incluso señales biomédicas.

Conv2D, Pooling y Padding: componentes estructurales de las CNNs

El núcleo de una CNN es la capa convolucional, representada en Keras por Conv2D. Esta capa aplica filtros sobre la imagen, extrayendo características locales como bordes, texturas y formas. Cada filtro es una matriz de pesos entrenables que recorre la imagen en pequeñas regiones, realizando multiplicaciones y sumas. El resultado es un mapa de activación que resalta los patrones detectados.

La función Conv2D recibe parámetros importantes:

- filters: número de filtros que la capa aplicará. Cada filtro aprenderá a detectar un tipo específico de patrón.

- kernel_size: tamaño de la matriz del filtro, normalmente 3x3 o 5x5.

- strides: cuántos píxeles se desplaza el filtro por vez al recorrer la imagen.

- padding: define si el tamaño de la imagen será preservado o reducido después de la convolución. El valor 'same' preserva el tamaño; 'valid' reduce.

Ejemplo de uso:

python

```
from tensorflow.keras.layers import Conv2D


Conv2D(filters=32, kernel_size=(3,3), activation='relu',
input_shape=(64, 64, 3))
```

Este código crea una capa convolucional con 32 filtros de tamaño 3x3, aplicando activación ReLU a una imagen de entrada de 64x64 píxeles con 3 canales (RGB).

Después de las convoluciones, es común utilizar capas de pooling para reducir la dimensionalidad de las activaciones, preservando los patrones más importantes. El pooling actúa como un muestreo, reduciendo el tamaño de los mapas sin perder la esencia de la información visual.

La capa más común es MaxPooling2D, que selecciona el valor máximo en cada región de la imagen. Esto reduce la complejidad del modelo, disminuye el uso de memoria y hace la red más robusta a pequeñas variaciones en la imagen.

python

```
from tensorflow.keras.layers import MaxPooling2D


MaxPooling2D(pool_size=(2,2))
```

La combinación de capas Conv2D seguidas de MaxPooling2D es el patrón en CNNs. Después de algunas repeticiones de esta estructura, los datos se aplanan con Flatten() y se envían a capas densas finales, que toman la decisión basada en los patrones extraídos.

Arquitectura básica: construcción de una CNN simple en Keras

Una red convolucional funcional con Keras puede construirse en pocas líneas, siguiendo una estructura clara:

python

```python
from tensorflow.keras.models import Sequential
from tensorflow.keras.layers import Conv2D, MaxPooling2D, Flatten, Dense


modelo = Sequential()
modelo.add(Conv2D(32, (3, 3), activation='relu', input_shape=(64, 64, 3)))
modelo.add(MaxPooling2D(pool_size=(2, 2)))


modelo.add(Conv2D(64, (3, 3), activation='relu'))
modelo.add(MaxPooling2D(pool_size=(2, 2)))


modelo.add(Flatten())
modelo.add(Dense(128, activation='relu'))
modelo.add(Dense(1, activation='sigmoid'))
```

Este modelo tiene dos capas convolucionales, cada una seguida de pooling, y termina con una capa densa oculta y una de salida con activación sigmoide. Es adecuado para clasificación binaria de imágenes RGB de 64x64 píxeles.

Para entrenar el modelo:

python

```
modelo.compile(optimizer='adam', loss='binary_crossentropy',
metrics=['accuracy'])

modelo.fit(x_entrenamiento, y_entrenamiento, batch_size=32,
epochs=10, validation_split=0.2)
```

Es fundamental garantizar que los datos estén normalizados entre 0 y 1 y que las etiquetas estén correctamente binarizadas.

Errores comunes y soluciones

Error: Formato de entrada incompatible
Al construir el modelo, puede surgir error si el formato de la imagen no corresponde al definido en input_shape.
Solución: verifique el formato de los datos. Keras usa (altura, anchura, canales) para canales al final. Asegúrese de que las imágenes fueron correctamente procesadas con bibliotecas como OpenCV, PIL o ImageDataGenerator.

Error: Salida de la red con más de una dimensión
Las capas convolucionales mantienen la estructura tridimensional de los datos. Si Flatten se omite, Keras no podrá conectar la salida de las convoluciones a la capa densa.
Solución: utilice siempre Flatten() antes de añadir capas densas.

Error: Overfitting con pocas imágenes

Las CNNs son poderosas, pero requieren muchos datos. Cuando se entrenan con pocas imágenes, pueden memorizar los datos y fallar en la generalización.

Solución: utilice data augmentation con ImageDataGenerator para generar variaciones artificiales de las imágenes y mejorar la robustez del modelo.

Error: Uso excesivo de filtros y capas profundas

Agregar muchas capas convolucionales y filtros pesados en datasets pequeños aumenta el riesgo de overfitting y vuelve el modelo difícil de entrenar.

Solución: inicie con pocos filtros (32 o 64) y evalúe el rendimiento antes de expandir la arquitectura.

Buenas prácticas y aplicaciones reales

Para evitar problemas comunes en CNNs, se recomienda:

- Redimensionar todas las imágenes a un tamaño uniforme antes del entrenamiento.

- Normalizar los valores de los píxeles al rango [0, 1].

- Aplicar data augmentation con rotaciones, espejado, zoom y desplazamientos.

- Utilizar callbacks como EarlyStopping y ModelCheckpoint para evitar entrenamientos excesivos.

- Monitorear la precisión y la pérdida en validación, observando señales de overfitting.

Las CNNs son ampliamente utilizadas en:

- Diagnóstico médico por imagen (rayos-X, resonancia, tomografía)

- Reconocimiento facial y biometría

- Vehículos autónomos para análisis de vídeo en tiempo real

- Inspección industrial con visión de máquina

- Sistemas de seguridad basados en detección de movimiento

Incluso aplicaciones fuera de la imagen, como análisis de series temporales multivariadas o clasificación de señales de audio, pueden beneficiarse de las CNNs al transformar los datos en representaciones bidimensionales.

Las capas convolucionales representan un avance técnico esencial en la historia de la inteligencia artificial aplicada. Sustituyeron décadas de ingeniería manual de características por un proceso automático de extracción de patrones, haciendo los sistemas más precisos, adaptables y capaces de manejar datos complejos.

Dominar las capas Conv2D, el uso eficiente del pooling, la gestión del padding y la construcción de arquitecturas compactas y funcionales son pasos fundamentales para aplicar el deep learning con Keras en tareas visuales de alta relevancia.

La simplicidad con la que estas capas pueden ser utilizadas en Keras no disminuye su profundidad conceptual ni su poder práctico. Cuanto más sólida sea la comprensión de los fundamentos de las CNNs, más eficaz será la aplicación de estas redes en problemas reales, con resultados confiables y replicables. El camino está abierto para explorar arquitecturas más avanzadas, combinando diferentes tipos de capas, ajustes de hiperparámetros y estrategias de regularización. Pero todo comienza con la base bien estructurada de las capas convolucionales.

CAPÍTULO 7. REDES RECURRENTES (RNN)

La inteligencia artificial moderna evolucionó de modelos que procesan datos estáticos hacia arquitecturas capaces de manejar secuencias dinámicas y dependencias temporales. Entre las innovaciones que permitieron este avance, las redes neuronales recurrentes (RNNs) ocupan una posición central. A diferencia de las redes densas o convolucionales, las RNNs están diseñadas para procesar información en serie, considerando el orden de los datos como parte fundamental de la estructura de entrada. Esta capacidad de modelar dependencias temporales y secuenciales es particularmente útil en tareas como predicción de series temporales, modelado de lenguaje natural, traducción automática, generación de texto y análisis de señales.

Entendiendo la recurrencia: vínculos con procesamiento de secuencias y lenguaje natural

El concepto de recurrencia se basa en la reutilización de una misma estructura de neuronas a lo largo de múltiples etapas temporales. Esto permite que la red mantenga un estado interno que evoluciona con cada nueva entrada, posibilitando almacenar y utilizar información del pasado reciente para tomar decisiones en el presente.

En el procesamiento de lenguaje natural, por ejemplo, la comprensión de una frase requiere considerar las palabras anteriores para interpretar correctamente las siguientes. Las redes recurrentes consiguen capturar este tipo de dependencia, incluso en secuencias de longitud variable.

En términos prácticos, una RNN recorre la secuencia de entrada elemento por elemento, manteniendo un vector de estado que se actualiza en cada nueva entrada. Esta actualización se basa en el valor anterior del estado y en la nueva entrada recibida, creando una cadena de dependencia temporal que, en teoría, puede abarcar largos tramos de la secuencia.

Keras facilita la implementación de RNNs con su capa SimpleRNN, que representa la forma más básica de esta arquitectura, sirviendo como punto de partida para el entendimiento y la prototipación de modelos secuenciales.

Capa SimpleRNN: estructura tradicional, flujo de datos en el tiempo y limitaciones

La capa SimpleRNN en Keras representa una implementación directa de la RNN clásica. Acepta como entrada una secuencia tridimensional, donde los ejes representan respectivamente: muestras, etapas temporales y características por etapa. El procesamiento ocurre a lo largo del tiempo, y cada etapa influye en la siguiente mediante el estado interno.

La construcción de una red con SimpleRNN requiere entender el formato de entrada. Suponga una secuencia temporal con 100 muestras, cada una conteniendo 10 etapas temporales y 5 variables por etapa. El input_shape en este caso será (10, 5).

Ejemplo básico de una RNN con Keras:

python

```
from tensorflow.keras.models import Sequential
from tensorflow.keras.layers import SimpleRNN, Dense


modelo = Sequential()
```

```
modelo.add(SimpleRNN(units=32, activation='tanh',
input_shape=(10, 5)))

modelo.add(Dense(1, activation='linear'))
```

Este modelo procesa secuencias de 10 etapas con 5 variables por etapa. La capa SimpleRNN posee 32 unidades internas que procesan la secuencia temporal, y la capa de salida genera un valor continuo, indicado por la activación linear, adecuada para regresión.

El funcionamiento de la SimpleRNN involucra tres etapas principales:

- Lectura de una etapa de la secuencia.

- Actualización del estado interno en base a la entrada actual y al estado anterior.

- Repetición del proceso hasta la última etapa.

A pesar de su simplicidad, la SimpleRNN tiene limitaciones importantes. Tiende a olvidar información de etapas muy distantes, un problema conocido como desaparición del gradiente. Esto limita su aplicación en secuencias largas, donde el contexto antiguo sigue siendo relevante. Para resolver este problema, surgieron arquitecturas más sofisticadas como LSTM y GRU, que serán abordadas posteriormente.

Ejemplo de predicción secuencial: implementación de una RNN simple para datos temporales

Una aplicación clásica de las RNNs es la predicción de series temporales. Considere una base de datos con registros diarios de ventas, temperatura o volumen de tráfico. El objetivo es predecir el valor del día siguiente basándose en los días anteriores.

El primer paso es preparar los datos. Suponga que tenemos una serie de valores continuos y deseamos usar ventanas de 7 días para predecir el octavo día.

python

```python
import numpy as np


def generar_secuencias(datos, ventana):
    X, y = [], []
    for i in range(len(datos) - ventana):
        X.append(datos[i:i+ventana])
        y.append(datos[i+ventana])
    return np.array(X), np.array(y)


serie = np.sin(np.linspace(0, 100, 500))  # serie simulada
ventana = 7
X, y = generar_secuencias(serie, ventana)


X = X.reshape((X.shape[0], X.shape[1], 1))
```

La función generar_secuencias transforma una serie univariada en un conjunto de muestras de entrenamiento, donde cada muestra contiene una secuencia de 7 valores consecutivos y el objetivo es el valor siguiente.

El modelo puede entrenarse con:

python

```
modelo = Sequential()
modelo.add(SimpleRNN(50, activation='tanh', input_shape=(7,
1)))
modelo.add(Dense(1))
modelo.compile(optimizer='adam', loss='mse')
modelo.fit(X, y, epochs=20, batch_size=32, validation_split=0.2)
```

Este código construye un modelo de predicción con una única capa RNN de 50 unidades, seguido de una capa de salida para regresión. La función de pérdida es el error cuadrático medio, adecuada para problemas continuos.

Durante el entrenamiento, el modelo aprende a capturar patrones temporales en la secuencia y utiliza el estado interno para prever valores futuros.

Errores comunes y soluciones

Error: formato de entrada incorrecto
Las RNNs esperan entradas tridimensionales. Enviar datos con dos dimensiones causa error de incompatibilidad.
Solución: siempre utilice .reshape((muestras, etapas, variables)) antes de alimentar el modelo.

Error: convergencia lenta o ausencia de aprendizaje
Las RNNs simples pueden tener dificultades en aprender patrones largos o complejos. La red puede mostrar pérdida estable pero sin mejora en el rendimiento.
Solución: aumente el número de unidades de la capa RNN, normalice los datos, reduzca el tamaño de las secuencias o cambie a una arquitectura LSTM.

Error: overfitting con pocas secuencias
Si el volumen de datos es pequeño, la RNN puede memorizar las secuencias en lugar de aprender patrones generalizables.
Solución: aplique validación cruzada, regularización con dropout, o aumente el volumen de datos con ventanas desplazadas.

Error: error de predicción se acumula en predicciones múltiples
Al utilizar el modelo para generar múltiples predicciones secuenciales, los errores se acumulan rápidamente.
Solución: reintroduzca las predicciones anteriores como entradas y aplique corrección con datos reales cuando sea posible.

Buenas prácticas y aplicaciones reales

Al utilizar RNNs, algunas prácticas fortalecen la confiabilidad del modelo:

- Normalizar los datos con media cero y desviación estándar unitaria.

- Mantener el número de etapas temporales pequeño para redes simples.

- Evaluar el uso de LSTM o GRU en tareas con dependencias temporales largas.

- Utilizar dropout entre capas para evitar overfitting.

- Probar diferentes funciones de activación además de tanh,

como relu en redes más profundas.

Las RNNs son ampliamente utilizadas en:

- Predicción de demanda en cadenas de suministro.

- Análisis de sentimientos en textos cortos.

- Clasificación de actividades humanas con base en sensores.

- Detección de patrones en señales biomédicas, como ECG.

- Generación de texto y modelado de lenguaje.

La combinación de la simplicidad de la SimpleRNN con su capacidad de modelar secuencias cortas la convierte en una excelente elección para introducirse en el campo de redes temporales. En muchos escenarios industriales, las redes recurrentes siguen siendo la arquitectura de elección por su eficiencia en capturar patrones ordenados.

Las redes recurrentes representan un salto cualitativo en la capacidad de las redes neuronales para manejar secuencias, tiempo y lenguaje. Al mantener un estado interno que se propaga a lo largo de la entrada, las RNNs permiten que los modelos comprendan dependencias contextuales, volviéndose valiosas en aplicaciones que involucran historial, orden o tiempo.

La capa SimpleRNN es una excelente puerta de entrada a este universo, ofreciendo claridad en la implementación y aplicabilidad en escenarios reales con complejidad moderada. Dominar su estructura y comportamiento es esencial para evolucionar hacia arquitecturas más sofisticadas, como LSTM y

GRU, que resuelven las limitaciones de la recurrencia clásica.

Con las prácticas y fundamentos presentados aquí, usted estará preparado para construir modelos temporales robustos con Keras, aplicando deep learning de forma estratégica en sistemas secuenciales. La capacidad de entender el tiempo y el orden es un diferencial poderoso en el desarrollo de soluciones inteligentes. Y la base de ese entendimiento está en la recurrencia bien aplicada.

CAPÍTULO 8. LSTM Y GRU

Las redes neuronales recurrentes tradicionales, conocidas como RNNs simples, fueron una de las primeras arquitecturas aplicadas con éxito a datos secuenciales. Permitieron modelar dependencias temporales en tareas como predicción de series temporales, reconocimiento de voz y modelado de lenguaje. Sin embargo, a medida que los proyectos se volvieron más complejos y las secuencias aumentaron de tamaño, las RNNs simples mostraron serias limitaciones, principalmente en cuanto a la retención de información a largo plazo. Fue en este escenario que surgieron las arquitecturas LSTM (Long Short-Term Memory) y GRU (Gated Recurrent Unit), proponiendo soluciones concretas para los cuellos de botella más recurrentes de las redes recurrentes clásicas.

Motivación: Cómo LSTM y GRU superaron las limitaciones de las RNNs clásicas

Las RNNs convencionales actualizan sus estados internos en cada paso de la secuencia, propagando gradientes de error en el tiempo durante el entrenamiento. Este mecanismo, aunque funcional en secuencias cortas, sufre de dos problemas críticos: la desaparición y la explosión de gradientes. Cuando los gradientes desaparecen, la red deja de aprender relaciones distantes en la secuencia. Cuando explotan, los valores numéricos se vuelven inestables y el modelo no converge.

Las LSTM fueron propuestas para solucionar estos dos problemas estructurales. Introducen una celda de memoria explícita, responsable de mantener información relevante durante períodos más largos. Esta celda está controlada por tres puertas (gates): la puerta de entrada, que regula cuánta nueva información se añade a la memoria; la puerta de olvido, que decide qué información debe ser descartada; y la puerta de salida, que determina qué información se transmite adelante. Este mecanismo refinado de control permite a las LSTM mantener un flujo constante de información relevante sin que los gradientes desaparezcan con el tiempo.

Las GRUs, por su parte, ofrecen una simplificación del concepto de LSTM. Utilizan solo dos puertas: la puerta de actualización y la puerta de reinicio. La GRU combina la celda de memoria y el estado oculto en una única estructura, reduciendo el número de parámetros y el costo computacional, mientras mantiene la capacidad de aprendizaje de dependencias a largo plazo.

Capas LSTM y GRU en Keras

Keras ofrece soporte nativo para ambas capas: LSTM y GRU. Ambas pueden ser utilizadas de forma directa, siendo altamente configurables para diferentes contextos de aplicación.

La capa LSTM puede ser instanciada de la siguiente forma:

python

```
from tensorflow.keras.models import Sequential
from tensorflow.keras.layers import LSTM, Dense


model = Sequential()
model.add(LSTM(64, input_shape=(timesteps, features)))
model.add(Dense(1))
```

Los principales argumentos disponibles en la capa LSTM

incluyen:

- units: número de unidades (neuronas) de la celda.

- activation: función de activación de la salida. Por defecto, es la tangente hiperbólica (tanh).

- recurrent_activation: activación usada en las puertas internas, generalmente sigmoid.

- return_sequences: si se define como True, devuelve toda la secuencia; si False, solo la última salida.

- dropout y recurrent_dropout: aplican dropout en las entradas y en los estados recurrentes, respectivamente.

- stateful: permite que el estado interno de la red se mantenga entre batches, útil para predicciones continuas.

La capa GRU posee los mismos argumentos esenciales, con la ventaja de ser ligeramente más rápida en tiempo de ejecución, especialmente en tareas donde el costo computacional es un factor relevante. Su implementación es directa:

python
```
from tensorflow.keras.layers import GRU


model = Sequential()
model.add(GRU(64, input_shape=(timesteps, features)))
model.add(Dense(1))
```

Las puertas internas de las LSTM y GRU operan como filtros

selectivos. En las LSTM, la puerta de entrada regula la cantidad de nueva información que entra en la celda; la de olvido controla qué debe ser eliminado; y la de salida determina qué se envía a la siguiente capa. En la GRU, la actualización y el reinicio se combinan en un mecanismo más compacto, manteniendo el control sobre qué preservar y qué olvidar.

Aplicaciones en Series Temporales y NLP

La versatilidad de las LSTM y GRU se manifiesta en dos grandes áreas donde las secuencias son protagonistas: series temporales y procesamiento de lenguaje natural.

En series temporales, las LSTM son ampliamente utilizadas para predecir valores futuros basados en secuencias pasadas. Un modelo clásico es el de predicción de demanda, donde se busca anticipar la cantidad de ventas, consumo energético o cotización de activos financieros. La capacidad de retener patrones estacionales o tendencias a largo plazo hace que estas arquitecturas sean superiores a las RNNs simples.

Ejemplo típico de aplicación de LSTM para predicción de series:

python

```
model = Sequential()
model.add(LSTM(100, activation='tanh',
input_shape=(X_train.shape[1], X_train.shape[2])))
model.add(Dense(1))
model.compile(optimizer='adam', loss='mse')
model.fit(X_train, y_train, epochs=20, batch_size=32)
```

En el contexto de NLP, las LSTM y GRU son fundamentales para tareas como análisis de sentimientos, traducción automática, generación de texto y modelos seq2seq. Un modelo de clasificación de sentimientos, por ejemplo, puede usar embeddings de palabras alimentando una LSTM, cuyo resultado final es una predicción binaria sobre el tono del texto:

python

```python
from tensorflow.keras.layers import Embedding


model = Sequential()
model.add(Embedding(input_dim=5000, output_dim=128, input_length=100))
model.add(LSTM(64, dropout=0.2, recurrent_dropout=0.2))
model.add(Dense(1, activation='sigmoid'))
model.compile(loss='binary_crossentropy', optimizer='adam', metrics=['accuracy'])
```

Para datos más largos o cuando se necesita paralelización, la GRU puede ser una alternativa más eficiente, manteniendo un rendimiento competitivo y un menor tiempo de entrenamiento.

Errores Comunes y Soluciones

- **Dimensionamiento incorrecto del input**
  El formato de entrada de las redes recurrentes debe ser siempre tridimensional: (batch_size, timesteps, features). Usar arrays bidimensionales causará error de shape incompatible. Use reshape de NumPy para ajustar correctamente.
- **Overfitting por exceso de unidades**
  Utilizar demasiadas unidades en la capa LSTM sin aplicar

dropout o una regulación adecuada puede generar modelos que memorizan el conjunto de entrenamiento. Aplicar dropout, recurrent_dropout y usar validación cruzada ayuda a evitar este problema.

- **Uso incorrecto de return_sequences**
  Definir return_sequences=True cuando la salida esperada es un único valor final genera inconsistencias en la red. Este argumento debe ser activado solo si la salida debe ser una secuencia completa.

- **Entrenamiento excesivamente lento**
  En tareas con secuencias largas, usar GRU en lugar de LSTM puede reducir significativamente el tiempo de entrenamiento sin gran pérdida de rendimiento.

- **Pérdida de contexto entre batches en tareas stateful**
  El uso de stateful=True requiere especial atención: los batches deben ordenarse correctamente, y el estado debe resetearse manualmente con model.reset_states() después de cada época o secuencia completa.

Buenas Prácticas y Aplicaciones Reales

- Normalizar y estandarizar los datos siempre que sea posible.

- Padronizar la longitud de las secuencias con pad_sequences, especialmente en tareas de NLP.

- Utilizar callbacks como EarlyStopping y ModelCheckpoint para evitar overfitting y guardar los mejores pesos.

- Monitorear curvas de pérdida y métricas con TensorBoard.

- Iniciar con GRU para experimentación inicial, migrando a LSTM si es necesario.

- Evaluar la necesidad de bidireccionalidad en tareas específicas.

- Separar claramente entrenamiento, validación y prueba, respetando el orden temporal de los datos en series.

LSTM y GRU representan un hito en el avance de las redes neuronales recurrentes, resolviendo limitaciones históricas que impedían el entrenamiento eficaz de modelos en secuencias largas. La introducción de puertas de control, celdas de memoria y estrategias de retención selectiva de información proporcionó estabilidad, flexibilidad y rendimiento en tareas antes consideradas desafiantes. Con Keras, la aplicación de estas arquitecturas se vuelve accesible, permitiendo el desarrollo de soluciones poderosas con pocas líneas de código y máxima eficiencia.

El conocimiento técnico de sus estructuras, parámetros y comportamientos internos, combinado con la aplicación práctica en series temporales y NLP, capacita al profesional para explorar nuevas fronteras de la inteligencia artificial con seguridad y precisión.

La continuidad de la formación en los próximos capítulos consolida esta base, avanzando hacia temas como callbacks personalizados, regularización, arquitecturas funcionales, transfer learning y estrategias de implementación. La solidez adquirida hasta aquí sirve como fundamento para la construcción de sistemas cada vez más inteligentes, adaptativos y robustos.

CAPÍTULO 9. CALLBACKS Y PERSONALIZACIÓN DEL ENTRENAMIENTO

El proceso de entrenamiento de redes neuronales va más allá de la simple llamada al método fit. Los profesionales que buscan un control refinado sobre el comportamiento de sus modelos a lo largo de las épocas utilizan herramientas que permiten monitorear, interrumpir, guardar y ajustar el entrenamiento conforme a métricas y condiciones predefinidas. Estas herramientas son llamadas callbacks. Representan una capa de inteligencia operativa incorporada al ciclo de aprendizaje, garantizando más eficiencia, estabilidad y trazabilidad a lo largo del proceso. Los callbacks bien utilizados permiten detener entrenamientos automáticamente cuando el rendimiento no mejora, guardar los mejores modelos sin intervención manual, programar cambios dinámicos en la tasa de aprendizaje e incluso implementar sistemas personalizados de registros y validación.

Callbacks: EarlyStopping, ModelCheckpoint, LearningRateScheduler

Keras proporciona un conjunto robusto de callbacks listos para su uso. Los tres más aplicados en proyectos reales son EarlyStopping, ModelCheckpoint y LearningRateScheduler. Cada uno posee funcionalidades específicas que contribuyen a la automatización y el control del entrenamiento.

EarlyStopping interrumpe el entrenamiento automáticamente cuando una determinada métrica deja de mejorar durante un número definido de épocas. Esto evita el overfitting y ahorra tiempo computacional.

python

```
from tensorflow.keras.callbacks import EarlyStopping

early_stop = EarlyStopping(
    monitor='val_loss',
    patience=5,
    restore_best_weights=True
)
```

Este callback observa la métrica val_loss y detiene el entrenamiento si no mejora durante 5 épocas consecutivas. Con restore_best_weights=True, los pesos del modelo se revierten al punto con mejor desempeño en validación.

ModelCheckpoint guarda los pesos del modelo durante el entrenamiento. Puede configurarse para guardar solo el mejor modelo o todos los checkpoints.

python

```
from tensorflow.keras.callbacks import ModelCheckpoint

checkpoint = ModelCheckpoint(
    filepath='mejor_modelo.h5',
    monitor='val_accuracy',
    save_best_only=True
```

)

El archivo mejor_modelo.h5 almacenará el modelo con la mayor precisión en validación, permitiendo su recuperación posterior y uso inmediato en producción sin necesidad de reentrenar el modelo.

LearningRateScheduler permite ajustar dinámicamente la tasa de aprendizaje conforme a la época. Esto es útil cuando se desea iniciar con una tasa alta para aceleración y reducirla progresivamente para estabilidad.

python

```python
from tensorflow.keras.callbacks import LearningRateScheduler


def scheduler(epoca, lr_actual):
    if epoca < 10:
        return lr_actual
    else:
        return lr_actual * 0.9


lr_callback = LearningRateScheduler(scheduler)
```

La función scheduler recibe la época actual y devuelve la nueva tasa de aprendizaje. Esto permite implementar estrategias clásicas como decaimiento exponencial, ciclos o programación fija.

Estos tres callbacks son frecuentemente usados en conjunto:

python

```
modelo.fit(
    x_entrenamiento,
    y_entrenamiento,
    validation_split=0.2,
    epochs=50,
    callbacks=[early_stop, checkpoint, lr_callback]
)
```

Este bloque entrena el modelo hasta por 50 épocas, pero puede detenerse antes si la pérdida de validación se estabiliza. Durante el proceso, se guardará el mejor modelo y la tasa de aprendizaje será ajustada progresivamente.

Creación de callbacks personalizados: visión tradicional de registro de métricas y ajustes de hiperparámetros

Aunque los callbacks nativos son poderosos, existen escenarios que requieren lógica personalizada. Keras permite crear callbacks definiendo una subclase de keras.callbacks.Callback y sobrescribiendo métodos específicos. Esta estrategia es útil para registrar métricas adicionales, disparar alertas, generar informes o alterar hiperparámetros basados en reglas de negocio.

La estructura básica de un callback personalizado sigue este patrón:

python

```
from tensorflow.keras.callbacks import Callback


class MiCallback(Callback):
```

```python
def on_epoch_end(self, epoch, logs=None):
    print(f'Época {epoch + 1}, pérdida en entrenamiento: {logs["loss"]}, precisión en validación: {logs["val_accuracy"]}')
```

Este callback imprime las métricas deseadas al final de cada época. El diccionario logs contiene todas las métricas calculadas en ese momento.

También es posible interactuar directamente con el modelo:

python

```python
class ReductorDeTasa(Callback):
    def on_epoch_end(self, epoch, logs=None):
        if logs.get("val_loss") > 0.4:
            nueva_lr = self.model.optimizer.lr * 0.5
            self.model.optimizer.lr.assign(nueva_lr)
            print(f'Tasa de aprendizaje reducida a: {nueva_lr.numpy()}')
```

Este callback observa la pérdida de validación y reduce la tasa de aprendizaje si está por encima de un umbral. Esto permite crear políticas adaptativas y reactivas durante el entrenamiento.

Otra posibilidad clásica es guardar registros estructurados en archivos externos:

python

```python
import csv


class LoggerCSV(Callback):
    def on_train_begin(self, logs=None):
```

```
    self.archivo = open('log.csv', 'w', newline='')
    self.logger = csv.writer(self.archivo)
    self.logger.writerow(['Epoca', 'Loss', 'Val_Loss'])


  def on_epoch_end(self, epoch, logs=None):
    self.logger.writerow([epoch + 1, logs['loss'],
logs['val_loss']])


  def on_train_end(self, logs=None):
    self.archivo.close()
```

Este callback crea un registro CSV estructurado con las métricas principales de cada época. Este tipo de control es ideal para proyectos que exigen trazabilidad completa, como sistemas regulatorios, financieros o médicos.

Monitoreo en tiempo real: cómo acompañar el entrenamiento con mayor control

El acompañamiento visual y analítico del progreso del modelo es esencial para entender cómo está aprendiendo, identificar cuellos de botella y tomar decisiones sobre detención o ajuste de hiperparámetros. Keras ofrece compatibilidad nativa con TensorBoard, una de las herramientas más consolidadas para visualización de métricas.

El uso del callback TensorBoard permite registrar los logs de cada época y analizarlos gráficamente:

python

```
from tensorflow.keras.callbacks import TensorBoard
```

```
tensorboard = TensorBoard(log_dir='logs')
```

Después del entrenamiento, los logs pueden visualizarse con el comando:

bash

```
tensorboard --logdir=logs
```

El panel mostrará gráficos de pérdida, precisión, tasa de aprendizaje, histogramas de pesos y otras métricas a lo largo del tiempo. Esto facilita la identificación de patrones como:

- overfitting: pérdida en entrenamiento cayendo mientras la de validación sube.

- underfitting: ambas pérdidas permanecen altas.

- fluctuaciones causadas por tasas de aprendizaje inadecuadas.

- convergencia precoz o tardía.

Además de TensorBoard, es posible usar callbacks personalizados para integrar con sistemas externos, como dashboards propios, APIs REST para notificación de desempeño o integración con hojas de cálculo y bases de datos.

El monitoreo en tiempo real permite que entrenamientos de larga duración sean acompañados con precisión, incluso en entornos remotos o distribuidos, como clusters de GPU y plataformas en la nube.

Errores comunes y soluciones

Error: callback no ejecutado

Si el callback no está incluido en la lista pasada al método fit, no se activará.

Solución: verifique si el callback está en la lista de callbacks durante el entrenamiento.

Error: acceso a métricas inexistentes en el diccionario logs

Al usar callbacks personalizados, intentar acceder a claves que no fueron calculadas genera error.

Solución: valide las claves disponibles con logs.keys() y condicione la lectura con logs.get('nombre').

Error: modelo guardado con desempeño inferior

Si ModelCheckpoint está mal configurado, puede guardar pesos con peor desempeño.

Solución: defina save_best_only=True y elija correctamente la métrica en monitor.

Error: uso incorrecto de LearningRateScheduler

Funciones que retornan valores inválidos o muy bajos para la tasa de aprendizaje causan fallas o congelamiento del entrenamiento.

Solución: inspeccione los valores retornados por la función de programación y mantenga la tasa dentro de un rango viable.

Buenas prácticas y aplicaciones reales

En entornos profesionales, los callbacks forman parte

del pipeline de entrenamiento estándar. Algunas prácticas consolidadas incluyen:

- Iniciar siempre con EarlyStopping para evitar entrenamientos innecesarios.

- Guardar modelos con ModelCheckpoint en ubicaciones seguras y versionadas.

- Ajustar dinámicamente la tasa de aprendizaje con LearningRateScheduler o ReduceLROnPlateau.

- Registrar todos los experimentos con callbacks personalizados o integración con sistemas de versionamiento de experimentos.

- Visualizar métricas con TensorBoard o paneles personalizados en tiempo real.

Estas prácticas son aplicadas en empresas y laboratorios que entrenan modelos a gran escala y no pueden depender de verificaciones manuales. Aumentan la confiabilidad, economizan recursos computacionales y garantizan la reproducibilidad.

Proyectos como diagnóstico por imagen, modelos predictivos financieros, sistemas de recomendación y análisis de voz utilizan callbacks para controlar con precisión la evolución del entrenamiento y garantizar que el mejor modelo sea implementado.

El uso estratégico de callbacks transforma el proceso de entrenamiento de modelos en un flujo controlado, automatizado y transparente. En lugar de confiar solo en el número de épocas o acompañar manualmente las métricas, los callbacks ofrecen un mecanismo confiable para monitorear, adaptar y registrar el desempeño del modelo a lo largo de su evolución.

La capacidad de detener entrenamientos automáticamente, guardar los mejores resultados, ajustar la tasa de aprendizaje en tiempo real y personalizar el registro de métricas convierte a los callbacks en un componente esencial en cualquier pipeline de deep learning profesional. Su correcta aplicación eleva la calidad técnica del proyecto y contribuye a resultados más robustos, reproducibles y alineados con los objetivos de negocio.

Dominar los callbacks y sus posibilidades es una marca de madurez técnica. Con ellos, el ciclo de aprendizaje se vuelve inteligente, receptivo y preparado para escalar. Esta es la base de la personalización consciente del entrenamiento de redes neuronales con Keras.

CAPÍTULO 10. TÉCNICAS DE REGULARIZACIÓN Y DROPOUT

A medida que las redes neuronales se vuelven más profundas y complejas, también aumentan los riesgos de overfitting, situación en la que el modelo aprende excesivamente los patrones del conjunto de entrenamiento, pero falla en generalizar para nuevos datos. La regularización es el conjunto de estrategias que busca reducir este problema, garantizando modelos más robustos, estables y eficaces en entornos reales. Este capítulo presenta las principales técnicas de regularización aplicadas en redes neuronales con Keras, abordando Dropout, normalización por lotes (Batch Normalization), penalizaciones L1 y L2, además de mostrar cómo estos enfoques se complementan para fortalecer la capacidad de generalización de los modelos.

Overfitting: revisión de los síntomas y riesgos en proyectos de redes neuronales

El overfitting ocurre cuando el modelo memoriza las particularidades del conjunto de entrenamiento, incluyendo ruidos, patrones dispersos o anomalías que no representan la estructura general de los datos. Esta condición se identifica por la discrepancia entre el rendimiento en entrenamiento y validación: mientras que la pérdida en el conjunto de entrenamiento sigue disminuyendo, la pérdida en el conjunto de validación comienza a aumentar.

Los principales síntomas incluyen:

- alta precisión en entrenamiento y baja en validación

- pérdida en validación que aumenta después de cierto número de épocas

- modelo que parece aprender demasiado rápido, pero no desempeña bien con datos nuevos

- predicciones inconsistentes cuando la entrada contiene pequeñas variaciones

Las causas más comunes son redes con muchos parámetros en relación al volumen de datos, datos ruidosos o no representativos, exceso de épocas de entrenamiento y ausencia de regularización.

La regularización no es una técnica única, sino un conjunto de estrategias complementarias que actúan limitando la complejidad de la red o controlando la forma en que aprende. Las técnicas más eficaces incluyen Dropout, penalizaciones L1 y L2, y normalización por lote.

Dropout: implementación e ideas clásicas de "apagar" neuronas

Dropout es una técnica simple y poderosa de regularización. Durante el entrenamiento, desactiva aleatoriamente una fracción de las neuronas de una capa, evitando que la red se vuelva excesivamente dependiente de caminos específicos. Esto fuerza a la red a aprender representaciones más distribuidas y robustas.

La idea central de Dropout es simular el entrenamiento de múltiples redes más pequeñas, haciendo el modelo más generalista. Durante la inferencia (fase de predicción), todas las neuronas son utilizadas, y sus activaciones se reescalan automáticamente para mantener la consistencia con el entrenamiento.

En Keras, la implementación es directa:

python

```
from tensorflow.keras.layers import Dropout


modelo.add(Dense(128, activation='relu'))
modelo.add(Dropout(0.5))
```

En este ejemplo, la mitad de las neuronas de la capa anterior será desactivada aleatoriamente en cada actualización de pesos durante el entrenamiento. El valor de 0.5 es una elección común, pero puede ajustarse entre 0.1 y 0.6 según la profundidad y el tamaño de la red.

Dropout se aplica generalmente entre capas densas. En CNNs, su uso después de capas convolucionales puede ayudar, aunque técnicas como Batch Normalization son más comunes en ese contexto.

Batch Normalization, L1, L2: teorías y uso práctico en Keras

La normalización por lote, conocida como Batch Normalization, es una técnica que busca estabilizar y acelerar el entrenamiento de redes neuronales. Normaliza las activaciones de cada capa para tener media cercana a cero y varianza unitaria dentro de cada mini-lote, lo que reduce la oscilación de los gradientes y permite el uso de tasas de aprendizaje más altas.

En Keras, puede aplicarse así:

python

```
from tensorflow.keras.layers import BatchNormalization
```

```
modelo.add(Dense(64))
modelo.add(BatchNormalization())
modelo.add(Activation('relu'))
```

La normalización se aplica antes de la activación. Esto ayuda a mantener los datos de la red dentro de rangos previsibles, evitando saturaciones e inestabilidades.

Las penalizaciones L1 y L2 actúan directamente en la función de pérdida del modelo. Añaden términos que penalizan los pesos grandes, incentivando que el modelo mantenga sus parámetros bajo control.

- L1 añade la suma de los valores absolutos de los pesos (regularización tipo Lasso).
- L2 añade la suma de los cuadrados de los pesos (regularización tipo Ridge).

Keras permite aplicar estas penalizaciones directamente en las capas:

python

```
from tensorflow.keras.regularizers import l1, l2
```

```
modelo.add(Dense(64, activation='relu',
kernel_regularizer=l2(0.01)))
```

En este ejemplo, la regularización L2 se aplica con un factor de penalización 0.01. Valores muy altos pueden perjudicar el aprendizaje; valores bajos son generalmente más eficaces y seguros.

La penalización L1 tiende a generar modelos más dispersos, donde algunos pesos se reducen a cero, lo que es útil en selección automática de características. La penalización L2 suaviza los pesos, evitando valores extremos.

Las técnicas de regularización pueden combinarse en un mismo modelo. Es común utilizar Dropout, Batch Normalization y L2 juntos para obtener una red estable, eficiente y generalizable.

Errores comunes y soluciones

Error: red con Dropout desactivado durante el entrenamiento
Dropout solo actúa si el modelo está en modo entrenamiento. En algunos flujos personalizados o al usar model.predict durante el entrenamiento, puede desactivarse.
Solución: utilice model.fit correctamente y asegúrese de que el modelo esté en modo training=True si realiza llamadas manuales.

Error: pérdida no converge con penalizaciones altas
Usar valores demasiado grandes para l1 o l2 puede dominar la función de pérdida, impidiendo que el modelo aprenda los patrones reales de los datos.
Solución: inicie con valores pequeños como 0.001 o 0.01 y ajuste en base a las métricas de validación.

Error: comportamiento inestable con Batch Normalization
En algunos casos, el uso incorrecto del orden de las capas (por ejemplo, aplicar activación antes de la normalización) puede generar inestabilidades.
Solución: aplique BatchNormalization antes de la función de activación, especialmente en redes densas.

Error: mejora solo en entrenamiento, sin impacto en validación

Si el modelo mejora solo en el conjunto de entrenamiento incluso con regularización, puede ser señal de datos desbalanceados o insuficientes.

Solución: aumente el conjunto de datos, aplique técnicas de data augmentation y revise la división entre entrenamiento y validación.

Buenas prácticas y aplicaciones reales

La aplicación de regularización debe ser parte del diseño estándar de cualquier red neuronal. Algunas prácticas consolidadas incluyen:

- utilizar Dropout entre capas densas con valores entre 0.3 y 0.5

- aplicar Batch Normalization después de capas convolucionales o densas, antes de la activación

- incluir penalización L2 en todas las capas densas con muchos parámetros

- ajustar hiperparámetros de regularización con base en la pérdida de validación y la precisión

- monitorear el impacto de la regularización con callbacks y TensorBoard

En entornos productivos, la regularización evita que los modelos aprendan patrones espurios, aumenta la confiabilidad de las predicciones y reduce el riesgo de fallos cuando se enfrentan a datos fuera del patrón.

Aplicaciones reales incluyen:

- detección de anomalías en datos financieros con redes densas y Dropout

- clasificación de imágenes médicas con CNNs y Batch Normalization

- predicción de series temporales en manufactura con RNNs regularizadas por L2

- modelos en edge computing con limitaciones de datos, requiriendo redes altamente generalizables

Estas aplicaciones muestran que la regularización no es un ajuste secundario, sino una decisión de arquitectura que determina la viabilidad del modelo en entornos reales y en producción.

La regularización es el vínculo entre la complejidad del modelo y su capacidad de generalizar. Técnicas como Dropout, Batch Normalization y penalizaciones L1 y L2 forman un conjunto esencial de herramientas para garantizar que las redes neuronales profundas se mantengan estables, eficientes y útiles en contextos reales.

Más que proteger contra el overfitting, la regularización mejora la interpretación de los modelos, reduce la dependencia de ajustes manuales y permite mayor confianza en los resultados. En un escenario donde el volumen y la variabilidad de los datos crecen continuamente, la capacidad de controlar el aprendizaje es lo que define la calidad técnica de una solución de machine learning.

Al dominar estas técnicas con Keras, el desarrollador se posiciona en un nuevo nivel de madurez, capaz de entregar modelos robustos, escalables y listos para enfrentar los desafíos reales de la inteligencia artificial aplicada. Regularizar no es reducir – es garantizar que el aprendizaje sea eficiente, coherente y sostenible.

CAPÍTULO 11.
PREPROCESAMIENTO Y
DATA AUGMENTATION

El rendimiento de un modelo de deep learning está directamente relacionado con la calidad de la entrada. Un preprocesamiento eficaz y estrategias de aumento de datos (data augmentation) son etapas esenciales en la construcción de modelos robustos y generalizables. Ignorar estos procesos da como resultado redes con baja capacidad predictiva, vulnerables al ruido y con dificultad para adaptarse a datos reales. Este capítulo presenta los enfoques más sólidos y replicables para la preparación de datos en redes neuronales, con enfoque en normalización, estandarización, ajuste de dimensiones y aumento artificial de muestras. La API de preprocesamiento de Keras será explorada con claridad técnica y aplicabilidad práctica, reforzando su papel en el ciclo completo de modelado.

Preparación de datos: normalización, estandarización y reshapes para imágenes, audio y texto

Los datos crudos raramente están listos para ser usados directamente en redes neuronales. La etapa de preparación implica transformar estos datos para que estén en rangos apropiados, con formatos compatibles con las capas de la red. En imágenes, audio y texto, estas transformaciones deben respetar la estructura temporal y espacial de las variables.

La normalización consiste en transformar los valores para un rango estandarizado, generalmente entre 0 y 1. Esto facilita el entrenamiento, evita explosiones de gradiente y acelera la convergencia. Para imágenes, el proceso normalmente implica dividir los valores de los píxeles por 255:

python

```
x_train = x_train.astype('float32') / 255.0
x_test = x_test.astype('float32') / 255.0
```

La estandarización se refiere al ajuste de los datos para que tengan media cero y desviación estándar igual a uno. Esta técnica es especialmente importante en datos tabulares y series temporales, donde la escala entre variables puede comprometer el aprendizaje. La aplicación puede hacerse con bibliotecas externas, como sklearn, antes de enviar los datos al modelo.

Reshape es el ajuste de la estructura de los datos para que estén en el formato esperado por las capas de la red. Por ejemplo, una imagen en escala de grises de 28x28 píxeles debe ser convertida al formato (28, 28, 1) al ser procesada por capas convolucionales:

python

```
x_train = x_train.reshape(-1, 28, 28, 1)
```

Los datos de audio exigen extracción de espectrogramas o MFCCs para transformar señales unidimensionales en representaciones bidimensionales. Ya en el procesamiento de texto, es común tokenizar y convertir las palabras en secuencias de enteros o vectores embebidos:

python

```
from tensorflow.keras.preprocessing.text import Tokenizer
from tensorflow.keras.preprocessing.sequence import
pad_sequences


tokenizer = Tokenizer(num_words=10000)
tokenizer.fit_on_texts(textos)
secuencias = tokenizer.texts_to_sequences(textos)
entradas = pad_sequences(secuencias, maxlen=100)
```

Esta preparación textual convierte frases en matrices enteras con longitud fija, listas para entrada en capas Embedding o redes recurrentes.

Data augmentation: generación de nuevas muestras para evitar overfitting

Cuando los datos son limitados, el riesgo de overfitting aumenta. **Data augmentation** es la técnica de generar variaciones artificiales de los datos originales para enriquecer el conjunto de entrenamiento. Este enfoque es muy común en visión computacional, pero también puede aplicarse en audio y texto.

Para imágenes, las transformaciones más eficaces incluyen:

- rotaciones

- desplazamientos horizontales y verticales

- zoom y recortes

- inversión horizontal

- alteración de brillo y contraste

Estas transformaciones no alteran el significado semántico de la imagen, pero producen una red más robusta a variaciones.

python

```
from tensorflow.keras.preprocessing.image import
ImageDataGenerator


generador = ImageDataGenerator(
    rotation_range=15,
    width_shift_range=0.1,
    height_shift_range=0.1,
    horizontal_flip=True,
    zoom_range=0.1
)
```

El generador puede integrarse directamente al método fit:

python

```
modelo.fit(generador.flow(x_train, y_train, batch_size=32),
epochs=20)
```

Para audio, es posible aplicar técnicas como estiramiento temporal, alteración de tono y adición de ruido blanco. En el caso de texto, el data augmentation exige más cuidado para mantener la coherencia lingüística. Estrategias comunes incluyen sustitución de palabras por sinónimos, inserción o eliminación de términos irrelevantes y reorganización sintáctica leve.

Bibliotecas como nlpaug y TextAttack ofrecen herramientas para aplicar estas variaciones automáticamente.

Data augmentation mejora significativamente la generalización del modelo, reduce el riesgo de memorizar patrones artificiales del conjunto de entrenamiento y es una técnica indispensable en cualquier proyecto con volumen de datos limitado.

APIs de preprocesamiento de Keras: ImageDataGenerator y análogos para texto

Keras ofrece una API consolidada para procesamiento y aumento de datos. ImageDataGenerator es la más conocida, permitiendo aplicar transformaciones en tiempo real durante el entrenamiento.

Además de las transformaciones geométricas, permite normalización automática basada en la media y desviación estándar del conjunto de entrenamiento:

python

```
generador = ImageDataGenerator(featurewise_center=True,
featurewise_std_normalization=True)
```

Estas opciones hacen el pipeline de entrenamiento más limpio y flexible. Además, ImageDataGenerator permite cargar imágenes directamente desde directorios organizados por clase:

python

```
flujo = generador.flow_from_directory('imagenes/',
target_size=(64, 64), class_mode='binary')
```

Para datos tabulares o series temporales, Keras aún no posee generadores nativos robustos. En estos casos, es común crear clases personalizadas de generadores utilizando el patrón Sequence, que permite control total sobre la carga y transformación de los datos:

python

```
from tensorflow.keras.utils import Sequence


class MiGenerador(Sequence):
    def __init__(self, datos, etiquetas, batch_size):
        self.datos = datos
        self.etiquetas = etiquetas
        self.batch_size = batch_size


    def __len__(self):
        return len(self.datos) // self.batch_size


    def __getitem__(self, idx):
        x_batch = self.datos[idx * self.batch_size:(idx + 1) * self.batch_size]
        y_batch = self.etiquetas[idx * self.batch_size:(idx + 1) * self.batch_size]
        return x_batch, y_batch
```

Este enfoque es útil en grandes volúmenes de datos que no caben en la memoria, o cuando el preprocesamiento exige lógica compleja, como cálculos físicos, transformaciones específicas o lectura de archivos externos.

Para texto, la API TextVectorization de Keras ofrece tokenización y estandarización embebida:

python

```
from tensorflow.keras.layers import TextVectorization

vectorizador = TextVectorization(max_tokens=10000,
output_sequence_length=100)

vectorizador.adapt(textos)
```

Esta capa puede ser insertada directamente en el modelo, haciendo que el preprocesamiento sea parte de la arquitectura, lo cual es ventajoso en ambientes de despliegue.

Errores comunes y soluciones

Error: entrenamiento con imágenes no normalizadas
Solución: normalizar entre 0–1 dividiendo por 255.0 o estandarizar con media y desviación estándar si es apropiado.

Error: input shape incompatible
Solución: ajustar los datos con .reshape(-1, alto, ancho, canales) según sea necesario.

Error: data augmentation aplicada en tiempo de inferencia
Solución: usar solo los datos originales y preprocesados en la fase de inferencia.

Error: tokenización inconsistente entre entrenamiento y prueba
Solución: ajustar el tokenizer solo con los datos de entrenamiento y reutilizar el mismo tokenizer en prueba.

Buenas prácticas y aplicaciones reales

- aplica normalización antes de alimentar los datos en la red, incluso si es con un solo comando

- usa data augmentation siempre que el conjunto de datos sea pequeño, especialmente en imágenes y audio

- verifica la distribución de los datos después del preprocesamiento para evitar distorsiones

- utiliza las APIs de Keras para mantener el código limpio, organizado y compatible con el pipeline de entrenamiento

- evita aplicar aumentos extremos que puedan distorsionar el contenido semántico de los datos

En contextos reales, el preprocesamiento y el data augmentation son cruciales para la estabilidad y el rendimiento del modelo. Sistemas de diagnóstico por imagen, clasificación de texto jurídico, predicción de series financieras y análisis de sentimientos son ejemplos de aplicaciones que exigen cuidado especial en la preparación de los datos.

Proyectos con datos heterogéneos o sensibles al contexto, como análisis de lenguaje en redes sociales o clasificación de exámenes médicos, se benefician de pipelines bien definidos y modularizados, permitiendo pruebas rápidas y ajustes finos según el feedback de los modelos.

El éxito de una red neuronal comienza incluso antes de la primera época de entrenamiento. La forma en que los datos son preparados define los límites de lo que el modelo será capaz de aprender. El preprocesamiento y el data augmentation no son solo etapas auxiliares, sino fundamentos de la ingeniería de modelos eficaces.

Al dominar estas técnicas, el desarrollador garantiza consistencia, resiliencia y capacidad de generalización a su modelo. La integración de estas prácticas al flujo de trabajo con Keras amplía las posibilidades de automatización, reproducibilidad y rendimiento en ambientes reales.

Una buena red comienza con buenos datos. Y buenos datos solo existen cuando son tratados con rigor técnico y visión aplicada. Esa es la base para construir inteligencia que realmente aprende.

CAPÍTULO 12. MODELOS FUNCIONALES Y SUBCLASSING API

El uso de la interfaz Sequential permite prototipar redes neuronales simples de manera directa e intuitiva. Sin embargo, a medida que la arquitectura del modelo se vuelve más sofisticada, con múltiples entradas, salidas o ramificaciones internas, es necesario migrar a enfoques más flexibles. Keras ofrece dos alternativas avanzadas para la construcción de redes con control total sobre la arquitectura: la Functional API y la Subclassing API. Ambas proporcionan libertad estructural, permitiendo la definición de flujos dinámicos, arquitecturas no lineales e integración entre múltiples fuentes de datos. Este capítulo aborda las principales motivaciones para el uso de estos paradigmas y cómo aplicarlos correctamente en la construcción de modelos listos para producción.

Limitación de Sequential: cuando el modelo requiere múltiples entradas, salidas y bifurcaciones

La API Sequential fue diseñada para modelos donde las capas se apilan linealmente, una tras otra. Este enfoque cubre una amplia gama de redes densas y convolucionales simples, pero no puede manejar estructuras que involucren:

- múltiples entradas paralelas (ej: imágenes y datos tabulares combinados)

- múltiples salidas (ej: regresión y clasificación simultáneas)

- caminos ramificados y fusiones intermedias

- arquitecturas con saltos de conexión (ej: ResNet)

- redes con bucles de procesamiento interno (ej: autoencoders complejos)

Cuando estos requisitos están presentes, la estructura secuencial se convierte en un obstáculo. Intentar forzar un modelo complejo dentro de Sequential resulta en código redundante, difícil de mantener y limitado en extensibilidad.

En estos casos, el enfoque funcional permite declarar explícitamente el flujo de datos entre capas y construir arquitecturas arbitrarias con claridad y precisión. La Subclassing API ofrece aún más flexibilidad, ideal para casos donde la lógica de flujo es condicional o iterativa.

Functional API: definición de arquitecturas complejas, merges y branches

La Functional API está basada en la construcción explícita de un grafo de computación. Cada capa se trata como una función que transforma tensores. Al conectar capas como operaciones matemáticas, es posible construir modelos con múltiples entradas, salidas y caminos internos personalizados.
El flujo típico implica:

- Definir los tensores de entrada

- Encadenar operaciones (capas)

- Declarar el modelo con las entradas y salidas

Un ejemplo de red con dos entradas y una salida:

python

```python
from tensorflow.keras.layers import Input, Dense, Concatenate
from tensorflow.keras.models import Model

entrada1 = Input(shape=(32,))
entrada2 = Input(shape=(16,))

x1 = Dense(64, activation='relu')(entrada1)
x2 = Dense(64, activation='relu')(entrada2)

combinado = Concatenate()([x1, x2])
salida = Dense(1, activation='sigmoid')(combinado)

modelo = Model(inputs=[entrada1, entrada2], outputs=salida)
```

Este modelo combina dos entradas procesadas separadamente, fusiona las salidas con una concatenación y devuelve una única predicción. Este patrón es común en tareas que combinan imagen y metadatos, series temporales y datos categóricos, o múltiples fuentes de entrada.

La Functional API también permite crear ramificaciones y fusiones intermedias. Un ejemplo clásico es la arquitectura tipo Y, donde una única entrada se divide en dos caminos independientes que se unen más adelante:

python

```
entrada = Input(shape=(64,))


x = Dense(128, activation='relu')(entrada)
ramo1 = Dense(64, activation='relu')(x)
ramo2 = Dense(64, activation='relu')(x)


unido = Concatenate()([ramo1, ramo2])
salida = Dense(1, activation='linear')(unido)


modelo = Model(inputs=entrada, outputs=salida)
```

Esta estructura es útil cuando diferentes subconjuntos de neuronas aprenden aspectos distintos del mismo dato, como estilo y contenido en imágenes, o semántica y sintaxis en texto.

La flexibilidad de la Functional API está en su capacidad de definir explícitamente el camino del dato, controlando dónde los flujos se separan y se unen, sin limitaciones impuestas por secuencias fijas.

Subclassing: construcción de modelos personalizados heredando de tf.keras.Model

Para casos en que la lógica del modelo no puede representarse solo con flujo declarativo, como bucles condicionales, estructuras dinámicas o módulos reutilizables, Keras ofrece la Subclassing API. Este modelo sigue el patrón orientado a objetos, permitiendo la definición de una clase personalizada que hereda de tf.keras.Model.

La Subclassing API exige la definición del método **init** para declarar las capas y del método call para implementar el flujo de datos.

Ejemplo de modelo con lógica personalizada:

python

```
import tensorflow as tf


class MiModelo(tf.keras.Model):
    def __init__(self):
        super(MiModelo, self).__init__()
        self.densa1 = tf.keras.layers.Dense(64, activation='relu')
        self.densa2 = tf.keras.layers.Dense(64, activation='relu')
        self.salida = tf.keras.layers.Dense(1)

    def call(self, inputs):
        x = self.densa1(inputs)
        x = self.densa2(x)
        return self.salida(x)


modelo = MiModelo()
modelo.compile(optimizer='adam', loss='mse')
```

Esta estructura es ideal para crear modelos modulares, redes recurrentes personalizadas, arquitecturas condicionales y soluciones donde el flujo de datos depende de decisiones internas basadas en los propios valores procesados.

Subclassing también es recomendado para investigadores y desarrolladores de nuevas arquitecturas, donde el comportamiento del modelo va más allá de lo que puede representarse mediante grafos estáticos.

Errores comunes y soluciones

Error: múltiples salidas con única función de pérdida
Al usar múltiples salidas, es común olvidar definir una pérdida para cada una o una combinación ponderada.
Solución: defina las pérdidas como diccionario o lista y ajuste los pesos relativos conforme la importancia de cada salida.

Error: uso incorrecto del call en subclassing
El método call debe retornar la salida de la red, pero omisiones o retornos incorrectos causan errores silenciosos o fallas de ejecución.
Solución: siempre retorne explícitamente el tensor de salida procesado.

Error: capas no rastreadas en el modelo personalizado
Las capas declaradas fuera de **init** no son reconocidas por el sistema de rastreo de Keras.
Solución: declare todas las capas como atributos de instancia en **init**.

Error: inputs no utilizados en modelos funcionales
Declarar un tensor de entrada y no conectarlo correctamente resulta en error de grafo desconectado.
Solución: conecte todos los inputs y outputs dentro de la cadena de operaciones de la Functional API.

Buenas prácticas y aplicaciones reales

- utilice Sequential solo cuando el modelo sea lineal y directo

- adopte la Functional API para modelos con múltiples caminos, entradas o salidas

- aplique Subclassing cuando la lógica involucre condiciones, bucles o estructuras dinámicas

- mantenga la separación entre definición de arquitectura (**init**) y ejecución (call)

- documente los flujos de entrada y salida en modelos funcionales para facilitar mantenimientos

- use model.summary() con frecuencia para verificar si el grafo está correcto

- aplique la Functional API en arquitecturas como ResNet, Inception, Siamese Networks y Autoencoders complejos

Entornos reales con múltiples fuentes de entrada, integración con sensores, datos multimodales y pipelines de decisión se benefician de la flexibilidad de estas APIs avanzadas. En sistemas de recomendación, por ejemplo, las entradas pueden incluir historial de navegación, datos demográficos y embeddings de productos. En diagnósticos médicos, imágenes se combinan con análisis de laboratorio, historial del paciente y anotaciones clínicas.

Estos escenarios exigen control total sobre cómo se procesan y combinan las informaciones, y la adopción de la API funcional o subclassing se vuelve inevitable.

El dominio de las APIs avanzadas de Keras representa un hito técnico en la evolución del profesional de machine learning. La capacidad de construir arquitecturas personalizadas, ramificadas y modulares permite crear soluciones ajustadas con precisión a los requisitos de los datos y de los objetivos del proyecto.

Más que una herramienta, la Functional API y Subclassing ofrecen un nuevo paradigma de modelado. Al abandonar el pensamiento secuencial, el desarrollador aprende a pensar en términos de flujo de información, caminos de decisión e integración de múltiples fuentes. Esto abre espacio para innovaciones arquitectónicas y eleva el nivel de sofisticación de las soluciones construidas.

La madurez técnica no está solo en la profundidad de los modelos, sino en la habilidad de estructurar soluciones que reflejen la complejidad del mundo real con claridad, control y escalabilidad. Estas son las herramientas que permiten esa jornada.

CAPÍTULO 13. TRANSFER LEARNING

La evolución de las redes neuronales profundas estuvo marcada por avances que exigieron poder computacional masivo y grandes volúmenes de datos etiquetados. No todos los proyectos tienen acceso a estos recursos. Transfer learning, o aprendizaje por transferencia, surge como una solución eficiente para reutilizar el conocimiento adquirido en redes ya entrenadas y aplicarlo en tareas nuevas con menos datos, menos tiempo y mejores resultados. Al reutilizar modelos preentrenados, es posible aplicar lo que redes complejas aprendieron sobre patrones visuales, sin necesidad de entrenar desde cero. Este capítulo explora los fundamentos del transfer learning, presenta los modelos más utilizados y muestra cómo congelar capas y realizar ajustes finos con Keras de forma práctica, controlada y confiable.

Concepto clásico de reutilización: valorización de las investigaciones iniciales en redes profundas

Transfer learning está enraizado en la idea de que el conocimiento adquirido en una tarea puede ser útil para otra tarea similar. Así como un ingeniero que entiende fundamentos eléctricos puede aprender electrónica más fácilmente, redes neuronales que ya captaron patrones complejos en grandes conjuntos de datos pueden adaptarse para resolver nuevos problemas con eficiencia.

El marco inicial del uso masivo de transfer learning fue el

éxito del modelo AlexNet, seguido por arquitecturas como VGG, ResNet, Inception y MobileNet. Estas redes fueron entrenadas con millones de imágenes en ImageNet, uno de los mayores repositorios etiquetados del mundo, que contiene más de mil categorías de objetos.

Al aprovechar estas redes, el transfer learning elimina la necesidad de entrenar todas las capas desde el inicio. En su lugar, se utiliza la base convolucional preentrenada como extractora de características, acoplando una nueva cabeza de clasificación o regresión para la tarea final.

Este enfoque es altamente eficaz en escenarios como:

- clasificación de imágenes médicas con pocos ejemplos

- identificación de objetos en sistemas embebidos

- clasificación de defectos en productos industriales

- reconocimiento de patrones en imágenes satelitales o microscópicas

Modelos preentrenados: VGG, ResNet, Inception, MobileNet y sus aplicaciones prácticas

Keras proporciona acceso directo a diversas arquitecturas preentrenadas con pesos ajustados en ImageNet. La elección del modelo depende de factores como profundidad, velocidad de inferencia, tamaño del modelo y tipo de dispositivo donde será desplegado.

Las principales opciones son:

- VGG16 y VGG19: redes profundas con bloques

convolucionales simples. Son fáciles de entender y modificar, pero requieren más memoria.

- ResNet50: introduce bloques residuales con conexiones de atajo, permitiendo redes muy profundas con estabilidad.

- InceptionV3: utiliza múltiples tamaños de filtros en paralelo, aprendiendo patrones de diferentes escalas.

- MobileNet: diseñado para dispositivos móviles, con arquitectura ligera y rápida, ideal para edge computing.

La carga de un modelo preentrenado se realiza con una única llamada:

python

```
from tensorflow.keras.applications import VGG16


base_modelo = VGG16(weights='imagenet', include_top=False,
input_shape=(224, 224, 3))
```

Al definir include_top=False, se elimina la capa final de clasificación, manteniendo solo las capas convolucionales como extractor de características. La nueva cabeza se añade con capas densas personalizadas:

python

```
from tensorflow.keras.models import Model
from tensorflow.keras.layers import Flatten, Dense


x = base_modelo.output
x = Flatten()(x)
```

```python
x = Dense(128, activation='relu')(x)
salida = Dense(1, activation='sigmoid')(x)


modelo = Model(inputs=base_modelo.input, outputs=salida)
```

Este enfoque conecta la salida de la base a un clasificador binario simple, que puede ser entrenado con los datos de la tarea específica.

Congelamiento de capas y fine tuning: cómo ajustar pesos y gestionar diferentes etapas de aprendizaje

La principal estrategia al usar transfer learning involucra dos etapas: congelamiento y ajuste fino.

En la primera etapa, todas las capas del modelo base se congelan, lo que significa que sus pesos no serán actualizados durante el entrenamiento. Esto garantiza que el conocimiento aprendido en el conjunto original (como bordes, formas y texturas) sea preservado.

python

```python
for capa in base_modelo.layers:
    capa.trainable = False
```

A continuación, el modelo se compila y entrena con los datos de la nueva tarea:

python

```python
modelo.compile(optimizer='adam', loss='binary_crossentropy',
metrics=['accuracy'])

modelo.fit(x_entrenamiento, y_entrenamiento, epochs=10,
validation_split=0.2)
```

Este entrenamiento ajusta solo las capas añadidas en la nueva cabeza, permitiendo que el modelo se adapte sin comprometer la base convolucional.

Después de esta primera etapa, es posible realizar fine tuning. El ajuste fino consiste en descongelar parcialmente las últimas capas convolucionales y continuar el entrenamiento con una tasa de aprendizaje menor. Esto permite que la red refine sus filtros basándose en las particularidades de la nueva tarea.

python

```
for capa in base_modelo.layers[-4:]:
    capa.trainable = True


modelo.compile(optimizer=tf.keras.optimizers.Adam(learning_rate=1e-5), loss='binary_crossentropy', metrics=['accuracy'])
modelo.fit(x_entrenamiento, y_entrenamiento, epochs=5, validation_split=0.2)
```

La tasa de aprendizaje más baja evita que los pesos entrenados con datos de ImageNet sean corrompidos rápidamente, promoviendo un refinamiento gradual.

La elección de cuántas capas descongelar depende de la similitud entre las tareas. Si los nuevos datos son muy diferentes de los originales, se pueden ajustar más capas. Si son similares, conviene mantener la mayor parte congelada.

Errores comunes y soluciones

Error: el modelo no aprende después de cargar la base

Entrenar la nueva cabeza sin descongelar ninguna capa puede llevar a un modelo que no se adapta bien.

Solución: después de entrenar las capas superiores, realice fine tuning descongelando las últimas capas convolucionales.

Error: pérdida creciente con fine tuning

Entrenar todo el modelo con una tasa de aprendizaje alta degrada los pesos preentrenados.

Solución: utilice una tasa de aprendizaje más baja en el ajuste fino y monitoree las métricas de validación.

Error: entrada con dimensiones incorrectas

Cada modelo preentrenado exige tamaño mínimo de entrada. VGG16 y ResNet50, por ejemplo, requieren (224, 224, 3).

Solución: redimensione las imágenes con cv2.resize o ImageDataGenerator con target_size=(224,224).

Error: olvidar recompilar después de cambiar trainable

Después de descongelar capas, es necesario recompilar el modelo para que Keras actualice los parámetros entrenables.

Solución: llame a compile nuevamente antes de continuar el entrenamiento.

Buenas prácticas y aplicaciones reales

- utilice include_top=False al cargar modelos preentrenados para añadir capas personalizadas

- inicie siempre con las capas base congeladas y ajuste solo las capas finales

- utilice data augmentation durante el entrenamiento con

base congelada para evitar overfitting

- aplique fine tuning con tasa de aprendizaje pequeña y pocas épocas

- elija el modelo base considerando el equilibrio entre rendimiento y tiempo de inferencia

- guarde checkpoints durante el entrenamiento para restaurar el mejor modelo

Transfer learning es ampliamente utilizado en áreas como:

- diagnóstico por imagen (detección de tumores, análisis de rayos-X)

- seguridad (reconocimiento facial, análisis de vigilancia)

- agricultura (clasificación de enfermedades en hojas, conteo de frutos)

- movilidad (lectura de placas, detección de obstáculos)

- retail (clasificación de productos, análisis de estanterías)

Empresas e instituciones utilizan este enfoque para aprovechar la inteligencia de modelos globales y aplicarla a contextos específicos, con bajo costo computacional y alta eficacia.

Transfer learning representa un divisor de aguas en la democratización del deep learning. Al reutilizar el conocimiento de modelos entrenados a gran escala, es posible aplicar inteligencia artificial en contextos con datos limitados, recursos restringidos y necesidad de alta precisión.

Más que una técnica, se trata de una filosofía de reutilización consciente, valorando el esfuerzo computacional invertido por grandes laboratorios y trayendo sus beneficios a aplicaciones locales, puntuales y especializadas.

Dominar este enfoque transforma el modo en que se construyen soluciones de aprendizaje profundo, permitiendo que cualquier proyecto, independientemente de su escala, tenga acceso al estado del arte en visión computacional. Es un recurso que permite saltos de calidad con ahorro de tiempo, energía e inversión. Y eso es lo que convierte al aprendizaje por transferencia en una herramienta estratégica para cualquier profesional de IA aplicada.

CAPÍTULO 14. AUTOENCODERS Y REDUCCIÓN DE DIMENSIONALIDAD

Las redes neuronales tradicionales están diseñadas para predecir un resultado a partir de una entrada. Los autoencoders invierten esta lógica, aprendiendo a reconstruir la propia entrada como salida. Aunque este comportamiento pueda parecer redundante, permite que la red aprenda representaciones comprimidas, eficientes e informativas de los datos, capturando su esencia en un espacio de menor dimensión. Esta capacidad los convierte en herramientas poderosas para reducción de dimensionalidad, compresión de datos, detección de anomalías y preprocesamiento no supervisado. En este capítulo, abordaremos el concepto técnico de los autoencoders, sus variantes apiladas, la comparación con métodos clásicos como PCA y su aplicación práctica con Keras.

Teoría de los autoencoders: reconstrucción de entradas y aplicaciones tradicionales

Un autoencoder es una red neuronal compuesta por dos partes simétricas: un codificador (encoder) y un decodificador (decoder). El codificador aprende a comprimir la entrada original en una representación de dimensión reducida, llamada vector latente. El decodificador intenta reconstruir la entrada original a partir de ese vector comprimido. El objetivo del entrenamiento es minimizar la diferencia entre la entrada y la salida reconstruida.

La arquitectura básica consiste en:

- una capa de entrada

- una o más capas densas en el codificador

- una capa latente, con dimensión inferior a la original

- una o más capas densas en el decodificador

- una capa de salida con la misma forma que la entrada

Esta estructura permite que la red descubra representaciones internas de los datos, especialmente útiles en escenarios como:

- compresión de imágenes y señales

- eliminación de ruido (denoising autoencoders)

- visualización de datos de alta dimensión

- preentrenamiento en modelos no supervisados

- detección de patrones inusuales en grandes volúmenes de datos

Keras permite la construcción directa de autoencoders utilizando la API funcional. Un modelo básico puede construirse de la siguiente forma:

python

```python
from tensorflow.keras.layers import Input, Dense
from tensorflow.keras.models import Model

entrada = Input(shape=(784,))
codificado = Dense(128, activation='relu')(entrada)
codificado = Dense(64, activation='relu')(codificado)
latente = Dense(32, activation='relu')(codificado)

decodificado = Dense(64, activation='relu')(latente)
decodificado = Dense(128, activation='relu')(decodificado)
salida = Dense(784, activation='sigmoid')(decodificado)

autoencoder = Model(inputs=entrada, outputs=salida)
autoencoder.compile(optimizer='adam',
loss='binary_crossentropy')
```

Este autoencoder recibe vectores de 784 dimensiones (como imágenes 28x28 aplanadas), los comprime hasta 32 dimensiones y reconstruye la salida. La función de pérdida binaria se usa para entradas normalizadas entre 0 y 1.

Durante el entrenamiento, la red no recibe etiquetas. Aprende a mapear la entrada hacia sí misma. Tras el entrenamiento, es posible extraer el codificador por separado y utilizarlo como reductor de dimensionalidad.

python

```python
codificador = Model(inputs=entrada, outputs=latente)
```

Con este modelo parcial, cualquier nueva entrada puede ser convertida en una versión comprimida, ideal para aplicaciones de clustering, visualización o preprocesamiento.

Autoencoders apilados: ejemplo práctico para detectar anomalías

Los autoencoders también pueden ser utilizados para detectar anomalías en datos. Como la red aprende los patrones típicos de reconstrucción, entradas que se desvían de esos patrones tendrán errores de reconstrucción significativamente mayores. Al medir este error, es posible identificar observaciones fuera de lo esperado.

Este proceso es especialmente útil en:

- detección de fraudes financieros

- monitoreo de sensores industriales

- análisis de fallos en sistemas embebidos

- diagnóstico de enfermedades con exámenes estandarizados

Para ello, el modelo debe ser entrenado únicamente con datos normales. Luego, los datos de prueba son pasados por el autoencoder y la reconstrucción es comparada con la entrada. Entradas con error de reconstrucción superior a un umbral son consideradas anómalas.

El cálculo del error de reconstrucción puede hacerse con la

media de los cuadrados de las diferencias:

python

```
import numpy as np


predicciones = autoencoder.predict(x_prueba)
error = np.mean(np.square(x_prueba - predicciones), axis=1)
```

El umbral puede definirse con base en percentiles, análisis visual o pruebas empíricas. Un gráfico de la distribución de los errores ayuda a identificar un punto de corte adecuado:

python

```
import matplotlib.pyplot as plt


plt.hist(error, bins=50)
plt.xlabel("Error de reconstrucción")
plt.ylabel("Frecuencia")
plt.show()
```

Los autoencoders apilados, que poseen varias capas tanto en el codificador como en el decodificador, son especialmente eficaces para aprender representaciones complejas. Permiten que la red capture estructuras jerárquicas en los datos, similar al funcionamiento de redes profundas supervisadas.

La adición de regularización como Dropout, penalizaciones L2 y ruido controlado mejora la capacidad del modelo de generalizar y evita que memorice los datos de entrada.

Comparación con PCA: cómo los enfoques clásicos influyeron en las redes profundas

Antes de los autoencoders, la principal técnica de reducción de dimensionalidad era el Análisis de Componentes Principales (PCA). El PCA proyecta los datos en direcciones ortogonales de máxima varianza, reduciendo dimensiones con mínima pérdida de información. Es una técnica lineal, rápida y ampliamente utilizada.

Los autoencoders pueden ser vistos como una generalización no lineal del PCA. Mientras que el PCA encuentra combinaciones lineales de los atributos, los autoencoders, al utilizar capas con funciones de activación no lineales, son capaces de capturar patrones más complejos, curvas y estructuras altamente distribuidas.

Principales diferencias:

- PCA es lineal; autoencoders son no lineales

- PCA tiene solución analítica; autoencoders requieren entrenamiento

- autoencoders pueden adaptarse a tareas específicas

- PCA es menos flexible, pero más interpretable

En la práctica, los autoencoders superan al PCA cuando los datos poseen relaciones no lineales fuertes, como imágenes, sonidos o señales biomédicas. Sin embargo, PCA sigue siendo valioso para análisis exploratorio rápido, reducción inicial de ruido o compresión en tareas de menor complejidad.

Errores comunes y soluciones

Error: salida del autoencoder diferente de la entrada

Al usar activaciones incorrectas o escalas de entrada fuera del rango de la función de activación, la reconstrucción falla.
Solución: normalice los datos entre 0 y 1 y utilice activación sigmoid en la salida.

Error: autoencoder memoriza los datos
Cuando el modelo tiene demasiadas capas o parámetros, aprende a copiar los datos sin generalizar.
Solución: reduzca la dimensión latente, añada Dropout y use menos neuronas por capa.

Error: detección de anomalías con muchos falsos positivos
Umbrales mal calibrados o datos ruidosos pueden generar alertas excesivas.
Solución: calcule el umbral basado en percentiles del error de reconstrucción en el conjunto de validación.

Error: modelo no converge
Configuraciones inadecuadas de tasa de aprendizaje o función de activación causan estancamiento.
Solución: pruebe diferentes optimizadores como Adam, active funciones como ReLU en las capas intermedias y normalice los datos.

Buenas prácticas y aplicaciones reales

- normalice los datos antes de alimentar el autoencoder

- utilice dimensión latente menor que el 20% de la dimensión original

- use capas simétricas entre codificador y decodificador

- evalúe la reconstrucción visualmente en el caso de imágenes

- aplique regularización para evitar overfitting

- combine con PCA como etapa de comparación o reducción inicial

Los autoencoders son ampliamente utilizados en:

- compresión de imágenes médicas para almacenamiento eficiente

- reducción de dimensionalidad en pipelines de clustering

- preprocesamiento de datos en redes complejas

- detección de anomalías en sistemas de producción automatizados

- reducción de ruido en señales sensoriales

En aplicaciones como mantenimiento predictivo, ciberseguridad e inspección automatizada, los autoencoders ofrecen un mecanismo ligero, no supervisado y altamente eficaz para capturar desviaciones de comportamiento.

Los autoencoders representan una de las formas más elegantes y eficaces de aprendizaje no supervisado en redes neuronales. Su capacidad de comprimir datos, identificar patrones y revelar estructuras internas los convierte en una herramienta indispensable en proyectos que exigen reducción de dimensionalidad, compresión o detección de irregularidades.

Más que una alternativa al PCA, los autoencoders son un avance conceptual, incorporando la capacidad de aprender representaciones no lineales adaptadas al dominio del problema. Permiten que el modelo comprenda sus datos sin etiquetas explícitas, extrayendo información útil de forma autónoma.

Con la aplicación correcta de estas técnicas, es posible transformar conjuntos de datos brutos en vectores latentes informativos, alimentando modelos más ligeros, rápidos y precisos. Ese es el poder de la representación aprendida: no solo procesar, sino comprender los datos en profundidad.

CAPÍTULO 15. REDES GAN (GENERATIVE ADVERSARIAL NETWORKS)

Las redes adversarias generativas, conocidas como GANs (Generative Adversarial Networks), revolucionaron el campo de la inteligencia artificial al introducir un nuevo paradigma de aprendizaje no supervisado: la competencia entre dos redes neuronales para generar datos sintéticos realistas. Este enfoque permitió avances impresionantes en la generación de imágenes, videos, audio, textos e incluso moléculas. La arquitectura base de una GAN consiste en dos redes opuestas – el generador y el discriminador – que son entrenadas simultáneamente con objetivos conflictivos. El generador intenta engañar al discriminador, mientras que el discriminador intenta distinguir entre datos reales y sintéticos. Esta tensión crea un ambiente de aprendizaje refinado, donde el generador, con el tiempo, aprende a producir datos casi indistinguibles de la realidad.

Conceptos de generador y discriminador: una visión de cómo surgió la idea inicial de las GANs

La propuesta original de las GANs surgió de la observación de que las redes neuronales podían ser utilizadas no solo para clasificar o predecir, sino para crear. Ian Goodfellow y colegas propusieron una estructura compuesta por dos redes neuronales entrenadas en oposición. La red generadora recibe un vector de entrada aleatorio (ruido) e intenta producir una salida similar al dato real. La red discriminadora, a su vez, evalúa si la muestra recibida es auténtica (proveniente del conjunto real) o falsa (creada por el generador).

Este enfrentamiento constante entre las dos redes genera una dinámica de aprendizaje poderosa, donde ambas evolucionan mutuamente. La GAN se convierte en una herramienta que aprende a generar datos sintéticos que siguen las mismas distribuciones que los datos reales, sin necesidad de entender explícitamente su estructura interna.

El generador G intenta maximizar la probabilidad de que el discriminador D clasifique sus salidas como reales. El discriminador intenta minimizar esa probabilidad, manteniendo la capacidad de detectar falsificaciones. Al final del proceso, la red generadora aprende a crear muestras tan convincentes que el discriminador ya no puede diferenciarlas con precisión.

Arquitectura básica de una GAN en Keras: paso a paso de implementación simple

La construcción de una GAN con Keras involucra tres componentes principales: la red generadora, la red discriminadora y la combinación de ambas en un modelo adversarial. El primer paso es construir el generador. Transforma un vector de ruido en una imagen o muestra con las mismas dimensiones que los datos reales.

python

```
from tensorflow.keras.layers import Dense, LeakyReLU,
Reshape

from tensorflow.keras.models import Sequential
```

```python
def construir_generador():
    modelo = Sequential()
    modelo.add(Dense(128, input_dim=100))
    modelo.add(LeakyReLU(alpha=0.2))
    modelo.add(Dense(784, activation='tanh'))
    modelo.add(Reshape((28, 28, 1)))
    return modelo
```

El vector de entrada de 100 dimensiones es convertido en una imagen 28x28, como las de MNIST. La función tanh se usa para mantener los valores de salida en el rango [-1, 1].

A continuación, se define el discriminador, que recibe una imagen y devuelve una probabilidad de que sea real o falsa.

python

```python
from tensorflow.keras.layers import Flatten
from tensorflow.keras.models import Model


def construir_discriminador():
    modelo = Sequential()
    modelo.add(Flatten(input_shape=(28, 28, 1)))
    modelo.add(Dense(128))
    modelo.add(LeakyReLU(alpha=0.2))
    modelo.add(Dense(1, activation='sigmoid'))
    return modelo
```

El discriminador se compila separadamente con una función de pérdida binaria y un optimizador como Adam:

python

```python
discriminador = construir_discriminador()
discriminador.compile(optimizer='adam',
loss='binary_crossentropy', metrics=['accuracy'])
```

El generador, inicialmente, no se entrena solo. Se incorpora al modelo adversarial, en el cual el discriminador está congelado (no entrenable) para que la retropropagación ocurra solo sobre los pesos del generador.

python

```python
from tensorflow.keras.models import Model
from tensorflow.keras.layers import Input

generador = construir_generador()
entrada_ruido = Input(shape=(100,))
imagen_generada = generador(entrada_ruido)

discriminador.trainable = False
validez = discriminador(imagen_generada)

gan = Model(entrada_ruido, validez)
gan.compile(optimizer='adam', loss='binary_crossentropy')
```

El entrenamiento ocurre en dos ciclos. Primero, se entrena el discriminador con datos reales e imágenes falsas creadas por el generador. Luego, se entrena el generador con la GAN congelando el discriminador, forzándolo a mejorar sus falsificaciones.

python

```python
import numpy as np


def entrenar(generador, discriminador, gan, datos_reales, epocas, batch_size):
    medio_batch = batch_size // 2
    for epoca in range(epocas):
        idx = np.random.randint(0, datos_reales.shape[0], medio_batch)
        imagenes_reales = datos_reales[idx]
        ruido = np.random.normal(0, 1, (medio_batch, 100))
        imagenes_falsas = generador.predict(ruido)

        discriminador.trainable = True
        discriminador.train_on_batch(imagenes_reales, np.ones((medio_batch, 1)))
        discriminador.train_on_batch(imagenes_falsas, np.zeros((medio_batch, 1)))

        ruido = np.random.normal(0, 1, (batch_size, 100))
        discriminador.trainable = False
```

```
gan.train_on_batch(ruido, np.ones((batch_size, 1)))
```

Este proceso se repite durante varias épocas. Con el tiempo, la calidad de las imágenes generadas mejora progresivamente.

Aplicaciones reales: síntesis de imágenes, aumento de datos y otras aplicaciones clásicas

Las GANs se convirtieron en herramientas centrales en múltiples áreas técnicas y creativas. Algunas aplicaciones clásicas incluyen:

- Generación de imágenes realistas: utilizadas en creación de rostros humanos sintéticos, paisajes, ropa y objetos. Modelos como StyleGAN generan imágenes con resolución y detalles sorprendentes.

- Aumento de datos: generación de nuevas muestras sintéticas para expandir conjuntos de entrenamiento, especialmente en contextos donde los datos reales son escasos o sensibles.

- Eliminación de ruido: uso de GANs para limpiar imágenes corruptas o reconstruir archivos de baja calidad.

- Conversión de dominios: transformar imágenes de un dominio a otro, como fotos a pinturas (CycleGAN), mapas a paisajes, o bocetos a imágenes realistas.

- Deepfakes: generación de videos realistas con rostros o voces de personas, con implicaciones éticas y jurídicas relevantes.

- Simulación médica: generación de exámenes sintéticos para entrenamiento de modelos, como resonancias o tomografías, preservando la privacidad.

La capacidad de aprender sin etiquetas hace que las GANs sean extremadamente valiosas en áreas con restricciones legales, como salud, o con altos costos de etiquetado.

Errores comunes y soluciones

Error: generador produce siempre el mismo patrón

Este problema, conocido como colapso de modo, ocurre cuando el generador encuentra una salida que engaña al discriminador y empieza a repetirla.

Solución: aplique estrategias como batch discrimination, añada ruido al discriminador, o use funciones de pérdida alternativas como Wasserstein loss.

Error: entrenamiento inestable

Las GANs son notoriamente difíciles de entrenar. Pequeñas diferencias de rendimiento entre las redes causan pérdida de equilibrio.

Solución: utilice optimizadores con tasas de aprendizaje ajustadas, técnicas como label smoothing e inicializaciones estables.

Error: discriminador domina al generador

Cuando el discriminador aprende demasiado rápido, rechaza todas las imágenes del generador, impidiendo el aprendizaje.

Solución: congele parcialmente el discriminador, aplique regularización o añada ruido a las entradas.

Error: pérdida no representa la calidad
La pérdida de la GAN no siempre indica progreso real. Puede disminuir sin mejora visible en las muestras generadas.
Solución: guarde imágenes en intervalos fijos para inspección visual. Combine análisis cuantitativo con observación directa.

Buenas prácticas

- normalice los datos de entrada entre -1 y 1 al usar tanh en el generador

- utilice LeakyReLU en lugar de ReLU para evitar neuronas inactivas

- balancee el entrenamiento alternando entre actualizaciones del discriminador y del generador

- monitoree visualmente las salidas para acompañar la evolución cualitativa

- experimente con diferentes arquitecturas hasta encontrar equilibrio entre las redes

Modelos más robustos como DCGAN, WGAN, LSGAN y CycleGAN ofrecen mejoras en estabilidad y rendimiento para aplicaciones específicas. Estas variantes deben explorarse después de dominar la arquitectura básica.

Las GANs representan una de las mayores innovaciones en la historia de la inteligencia artificial aplicada. Al unir creatividad algorítmica con aprendizaje no supervisado, expanden los límites de lo que las máquinas son capaces de generar. Con ellas, los datos sintéticos ganan un papel central en entrenamientos, simulaciones y procesos creativos.

Más que una técnica, las GANs inauguran un nuevo pensamiento en IA: la simulación realista como forma de aprendizaje. Al dominar este enfoque, el desarrollador se habilita a crear no solo clasificadores o predictores, sino generadores de contenido, replicadores de patrones y herramientas de creación automatizada.

Las redes adversarias muestran que aprender a distinguir también es aprender a crear. Y es en esa dialéctica entre verdad y falsedad donde las GANs producen sus mejores obras.

CAPÍTULO 16. VISIÓN GENERAL DE NLP CON KERAS

El Procesamiento de Lenguaje Natural (NLP) permite que las máquinas comprendan, interpreten y generen lenguaje humano de forma eficiente. Con los avances en las bibliotecas de deep learning, especialmente en Keras, se ha vuelto viable implementar pipelines de NLP con alto rendimiento y aplicabilidad práctica. El dominio de este campo involucra etapas fundamentales como tokenización, embeddings y la construcción de modelos capaces de manejar secuencias textuales. En este capítulo, abordaremos la base práctica de NLP en Keras, pasando por técnicas de representación textual, construcción de modelos de traducción simples y una introducción a la adaptación de Transformers dentro del propio framework.

Tokenización y embeddings: revisión de técnicas tradicionales y uso de capas Embedding

El lenguaje natural debe convertirse a un formato numérico antes de ser procesado por redes neuronales. Esta transformación se realiza mediante la tokenización, que divide el texto en unidades más pequeñas, como palabras, subpalabras o caracteres, y asigna a cada una un identificador entero.

Keras proporciona utilitarios prácticos para este proceso:

python

```
from tensorflow.keras.preprocessing.text import Tokenizer
```

```
from tensorflow.keras.preprocessing.sequence import
pad_sequences


textos = ["este es un ejemplo", "redes neuronales en NLP"]
tokenizer = Tokenizer(num_words=10000)
tokenizer.fit_on_texts(textos)


secuencias = tokenizer.texts_to_sequences(textos)
entradas = pad_sequences(secuencias, maxlen=10)
```

Las secuencias resultantes son vectores enteros que representan los textos. Como las palabras poseen significados y relaciones semánticas, es importante que estas representaciones sean densas y vectorizadas en un espacio continuo. Para ello, utilizamos embeddings.

La capa Embedding de Keras transforma cada token entero en un vector de dimensión fija. Esta representación vectorial se ajusta durante el entrenamiento, permitiendo que el modelo capture similitudes semánticas:

python

```
from tensorflow.keras.models import Sequential
from tensorflow.keras.layers import Embedding


modelo = Sequential()
modelo.add(Embedding(input_dim=10000, output_dim=64,
input_length=10))
```

Cada palabra será representada como un vector de 64 dimensiones. Durante el entrenamiento supervisado, los pesos del embedding son ajustados para capturar los patrones del lenguaje específico del problema.

El embedding también puede ser cargado a partir de vectores preentrenados, como GloVe o Word2Vec, ofreciendo una base semántica lista para tareas con pocos datos etiquetados.

Modelos Seq2Seq simples: visión introductoria de traducción automática y chatbots

Los modelos de secuencia a secuencia (Seq2Seq) se utilizan para tareas donde la entrada y la salida son secuencias, como traducción automática, resumen de textos, generación de respuestas y transcripción de habla. Estos modelos generalmente están compuestos por dos redes recurrentes: un codificador y un decodificador.

El codificador recibe la entrada y genera un vector de contexto, que condensa el significado de la secuencia. Este vector es pasado al decodificador, que genera la secuencia de salida paso a paso.

En Keras, una implementación simple puede estructurarse de la siguiente forma:

python

```
from tensorflow.keras.models import Model
from tensorflow.keras.layers import Input, LSTM, Dense

# Codificador
entrada_codificador = Input(shape=(None,))
```

```
embedding_codificador = Embedding(10000, 64)
(entrada_codificador)

salida_codificador, estado_h, estado_c = LSTM(128,
return_state=True)(embedding_codificador)


# Decodificador

entrada_decodificador = Input(shape=(None,))

embedding_decodificador = Embedding(10000, 64)
(entrada_decodificador)

lstm_decodificador = LSTM(128, return_sequences=True)
(embedding_decodificador, initial_state=[estado_h, estado_c])

salida = Dense(10000, activation='softmax')
(lstm_decodificador)


modelo_seq2seq = Model([entrada_codificador,
entrada_decodificador], salida)

modelo_seq2seq.compile(optimizer='adam',
loss='categorical_crossentropy')
```

Este modelo recibe dos entradas: la frase original y la secuencia objetivo desplazada (teacher forcing). Es capaz de aprender a mapear frases de un idioma a otro, responder preguntas o mantener diálogos simples.

Para entrenar el modelo correctamente, los datos deben estar alineados entre entrada y salida, con vocabulario consistente y codificaciones sincronizadas.

Transformers básicos en Keras: adaptación inicial de la estructura clásica en el framework

Los Transformers sustituyeron a las redes recurrentes como el modelo estándar para tareas complejas de NLP. Su capacidad de paralelización y aprendizaje de dependencias a largo plazo los convirtieron en referencia en arquitecturas modernas como BERT, GPT y T5.

Keras, en conjunto con TensorFlow, proporciona capas y estructuras compatibles con la construcción de modelos basados en Transformer. La base de esta arquitectura es el mecanismo de atención, especialmente el self-attention.

La creación de un Transformer básico involucra múltiples etapas, pero puede iniciarse con un bloque simplificado de atención multi-cabeza:

python

```
from tensorflow.keras.layers import MultiHeadAttention,
LayerNormalization, Dropout, Dense


def bloque_transformer(entrada):
    atencion = MultiHeadAttention(num_heads=4, key_dim=64)
(entrada, entrada)
    atencion = Dropout(0.1)(atencion)
    salida1 = LayerNormalization(epsilon=1e-6)(entrada +
atencion)

    feedforward = Dense(256, activation='relu')(salida1)
    feedforward = Dense(entrada.shape[-1])(feedforward)
    feedforward = Dropout(0.1)(feedforward)

    salida2 = LayerNormalization(epsilon=1e-6)(salida1 +
feedforward)
```

return salida2

Este bloque puede apilarse en modelos de encoder o decoder, creando arquitecturas escalables.

Los Transformers en Keras pueden integrarse con capas de embedding posicionales, máscaras de atención y cabezales de salida para tareas específicas como clasificación, traducción o resumen.

Bibliotecas auxiliares como transformers de Hugging Face también permiten cargar modelos listos como BERT, GPT2 y T5 con total integración al ecosistema de Keras, ofreciendo un puente entre desarrollo rápido y capacidad de producción.

Errores comunes y soluciones

Error: entradas de texto mal preparadas
Tokenizadores mal ajustados o datos sin normalización generan entradas inconsistentes y resultados incoherentes.
Solución: use tokenizadores con vocabulario fijo, aplique pad_sequences con truncamiento y padding consistentes.

Error: embeddings fuera del rango esperado
Modelos con capas Embedding no entrenan bien cuando los índices exceden el vocabulario definido.
Solución: defina num_words de acuerdo con el mayor índice esperado. Verifique el tamaño del vocabulario antes de compilar.

Error: pérdida de alineación en modelos Seq2Seq
Entradas y salidas desalineadas impiden el aprendizaje efectivo.
Solución: aplique desplazamiento en los datos de salida y ajuste los índices con tokens de inicio y fin de secuencia.

Error: modelo transformer no converge
Transformers requieren mayor cantidad de datos y regularización cuidadosa.
Solución: use dropout, warm-up de tasa de aprendizaje, normalización en capas y embeddings posicionales.

Buenas prácticas y aplicaciones reales

- normalice y limpie el texto antes de cualquier tokenización

- use embeddings preentrenados cuando sea posible para acelerar la convergencia

- mantenga el vocabulario limitado a palabras más frecuentes para evitar ruido

- entrene modelos Seq2Seq con teacher forcing y ajuste la arquitectura con validación cruzada

- utilice atención para tareas que requieren interpretación de contexto

- explore modelos listos como BERT para tareas como análisis de sentimientos, extracción de entidades y clasificación de texto

Las aplicaciones de NLP con Keras van desde sistemas de recomendación y asistentes virtuales hasta análisis jurídico y procesamiento médico. La capacidad de estructurar datos textuales en representaciones vectoriales bien definidas permite la construcción de sistemas robustos con impacto directo en la productividad e inteligencia organizacional.

El Procesamiento de Lenguaje Natural con Keras ofrece una plataforma sólida y accesible para transformar lenguaje humano en información estructurada y accionable. Al comprender los fundamentos de la tokenización, embeddings, modelos Seq2Seq y Transformers, el profesional de IA se capacita para construir soluciones poderosas y aplicables a múltiples dominios.

Más que entender el texto, el NLP moderno permite generar, interpretar, resumir y transformar el lenguaje en conocimiento práctico. Y con Keras, ese proceso se vuelve accesible, escalable e integrado al ecosistema de aprendizaje profundo. Al dominar estas herramientas, el desarrollador se convierte en un constructor de puentes entre lenguaje y máquina, entre datos y decisiones.

CAPÍTULO 17. HERRAMIENTAS DE DEPURACIÓN Y VISUALIZACIÓN

A medida que los modelos de aprendizaje profundo se vuelven más complejos, también crece la necesidad de mecanismos robustos de observación y depuración. Durante el entrenamiento, diversos elementos pueden comportarse de forma inesperada: métricas que se estancan, pérdida que oscila, sobreajuste que se intensifica, pesos que no se actualizan o capas que no se activan. Las herramientas de visualización permiten acompañar el comportamiento interno de la red en tiempo real y diagnosticar problemas con mayor precisión. Este capítulo presenta los principales enfoques prácticos de depuración y análisis visual con Keras y TensorFlow, con foco en interpretación estratégica y prácticas confiables.

TensorBoard: monitoreo de métricas, gráficos de red neuronal e histograma de pesos

TensorBoard es el panel oficial de visualización de TensorFlow, desarrollado para monitorear y analizar modelos de forma interactiva. Ofrece recursos como visualización de curvas de pérdida y precisión, inspección de grafos computacionales, histogramas de pesos, distribuciones de gradientes, proyecciones de embeddings e incluso imágenes generadas. Su integración con Keras es directa y eficiente.

El primer paso es crear un callback que guarde los logs del entrenamiento:

python

```python
from tensorflow.keras.callbacks import TensorBoard
import datetime


log_dir = "logs/entrenamiento_" +
datetime.datetime.now().strftime("%Y%m%d-%H%M%S")
tensorboard_callback = TensorBoard(log_dir=log_dir,
histogram_freq=1)
```

Este directorio almacenará las métricas en tiempo real. El parámetro histogram_freq=1 activa la captura de histogramas de pesos por época. Para incluir el callback en el entrenamiento:

python

```python
modelo.fit(x_entrenamiento, y_entrenamiento,
epochs=10, validation_data=(x_val, y_val),
callbacks=[tensorboard_callback])
```

Con el log generado, el panel puede accederse vía terminal:

bash

```bash
tensorboard --logdir=logs/
```

La interfaz muestra curvas de pérdida y precisión a lo largo de las épocas, facilitando el análisis de underfitting y overfitting. Los histogramas permiten evaluar la dispersión de los pesos, detectar saturaciones e identificar problemas de aprendizaje. La pestaña Graph permite navegar por la estructura del modelo, inspeccionando conexiones y flujos de datos.

TensorBoard también soporta visualización de imágenes, como muestras de entrada, activaciones o salidas generadas. Con esto, el proceso de diagnóstico se vuelve visual, dinámico y más cercano a la interpretación humana.

Custom logs: registro histórico de ejecución, usando prácticas tradicionales de log

Además del monitoreo visual, el registro de eventos es esencial para rastrear ejecuciones, documentar pruebas y reproducir experimentos. Keras permite registrar eventos personalizados por medio de callbacks.

El uso de la biblioteca logging de Python es una práctica consolidada que facilita el control de mensajes técnicos:

python

```
import logging


logging.basicConfig(filename='ejecucion.log',
level=logging.INFO)
logging.info('Iniciando entrenamiento con batch size 32')
```

Durante el entrenamiento, es posible capturar estadísticas y registrar condiciones específicas:

python

```
class LogPersonalizado(tf.keras.callbacks.Callback):
    def on_epoch_end(self, epoch, logs=None):
        acc = logs.get('accuracy')
```

```
val_acc = logs.get('val_accuracy')
logging.info(f'Época {epoch + 1}: acc={acc},
val_acc={val_acc}')
```

Estos registros proporcionan un historial textual que complementa el panel visual. Son útiles para auditoría, control de versiones y comparación entre experimentos.

La combinación de TensorBoard y logs manuales permite observar tendencias, analizar patrones y responder preguntas como: ¿cuándo comenzó el overfitting? ¿Qué configuración generó el mejor resultado? ¿Cuántas épocas fueron necesarias para convergencia?

Visualización de activaciones: cómo interpretar capas intermedias y detectar problemas

Entender cómo la red responde a determinadas entradas es una de las formas más eficaces de depuración. Las activaciones de las capas intermedias revelan cómo los datos están siendo transformados a lo largo de la red, indicando si las capas están siendo ignoradas, si los filtros están aprendiendo o si hay saturación.

Con Keras, es posible construir modelos parciales que devuelvan las salidas de capas específicas:

python

```
from tensorflow.keras.models import Model


capa_intermedia = modelo.get_layer('dense_1')
modelo_activaciones = Model(inputs=modelo.input,
outputs=capa_intermedia.output)
```

```
salida = modelo_activaciones.predict(x_prueba)
```

Esta salida puede visualizarse como una matriz o convertirse en imagen, dependiendo de la tarea. En redes convolucionales, observar los mapas de activación muestra qué regiones de la imagen están influenciando la decisión.

Es importante analizar si:

- hay capas con activación cercana a cero

- los mapas de activación son todos similares (filtros redundantes)

- ciertas capas están saturadas con valores máximos

Cuando las activaciones no cambian con diferentes entradas, la red puede estar mal inicializada, mal regularizada o aprendiendo patrones irrelevantes. La inspección de estas capas orienta la revisión de la arquitectura y de la función de activación.

Otro método útil es la visualización de gradientes para detectar vanishing o exploding gradients. Técnicas como Grad-CAM y saliency maps ofrecen visualizaciones interpretables que ayudan a entender cómo se toman las decisiones.

Errores comunes y soluciones

Error: gráficos de TensorBoard no aparecen
Esto ocurre cuando los logs no fueron generados correctamente o el directorio está incorrecto.

Solución: verifique la ruta pasada en log_dir y confirme que el callback está incluido en fit.

Error: superposición de logs antiguos

Ejecutar múltiples entrenamientos en el mismo directorio sobrescribe datos anteriores.

Solución: cree directorios con timestamps únicos para cada ejecución.

Error: capas con salida nula

Activaciones nulas indican saturación o aprendizaje interrumpido.

Solución: revise las funciones de activación, normalice los datos y evite inicializaciones malas.

Error: logs incompletos

Callbacks personalizados mal definidos pueden no capturar métricas correctamente.

Solución: implemente callbacks con manejo de excepciones y verificación de logs nulos.

Buenas prácticas

- utilice TensorBoard en todas las ejecuciones, incluso en prototipos

- guarde logs en directorios organizados por fecha e

hiperparámetros

- visualice mapas de activación en las primeras y últimas capas

- capture logs personalizados con precisión, evitando excesos verbosos

- almacene un snapshot de los pesos cada N épocas para análisis posterior

- documente los hiperparámetros junto con los logs para facilitar reproducibilidad

Estas prácticas permiten no solo encontrar y corregir fallos, sino también justificar decisiones, presentar resultados y evolucionar el modelo con trazabilidad.

Depurar y visualizar redes neuronales es más que corregir errores: es entender cómo la inteligencia artificial está aprendiendo, tomando decisiones y evolucionando. Herramientas como TensorBoard, logs personalizados y visualizaciones de activación colocan al desarrollador en el centro del proceso, permitiendo una lectura estratégica y técnica del comportamiento interno del modelo.

Con estas herramientas, la opacidad de las redes profundas da lugar a la transparencia operativa. El desarrollador pasa a actuar como científico e ingeniero simultáneamente: observa, prueba, corrige y mejora. La capacidad de interpretar las señales de la red es lo que diferencia un modelo que solo funciona de uno que realmente rinde. Y esa capacidad conduce al dominio práctico del aprendizaje profundo con confianza y control.

CAPÍTULO 18. GUARDADO Y CARGA DE MODELOS

Entrenar un modelo de deep learning consume tiempo, recursos computacionales y conocimiento técnico. Una vez que este modelo alcanza un rendimiento satisfactorio, es fundamental persistir sus pesos y arquitectura de forma confiable. Esto no solo preserva el trabajo realizado, sino que también viabiliza reutilización, transferencia entre entornos, replicación de resultados, comparación entre versiones e integración con pipelines de producción. En este capítulo, abordaremos cómo guardar modelos con Keras en formatos estandarizados, recuperar estructuras y pesos, aplicar versionamiento técnico y garantizar estabilidad en la reutilización de modelos en sistemas reales.

Formato HDF5 y SavedModel: estructura y cómo persistir pesos y arquitectura

Keras ofrece dos formas principales de guardar modelos: el formato HDF5 (.h5) y el formato SavedModel, que es la opción recomendada por TensorFlow para producción. Ambos preservan no solo los pesos, sino también la arquitectura del modelo, optimizadores, métricas y estado del entrenamiento.

Para guardar un modelo completo en HDF5:

python

```
modelo.save('mi_modelo.h5')
```

Para cargar el modelo guardado:

python

```
from tensorflow.keras.models import load_model
modelo = load_model('mi_modelo.h5')
```

Este formato es eficiente, portátil y ampliamente aceptado en diversos entornos. Su estructura interna organiza capas, pesos y parámetros de forma compacta, siendo ideal para prototipado rápido y distribución entre colaboradores.

El formato SavedModel, por su parte, es más robusto para producción e integración con herramientas de TensorFlow Serving. Guarda el modelo en un directorio que contiene archivos .pb y subcarpetas con variables:

python

```
modelo.save('mi_modelo_tf', save_format='tf')
```

Y su lectura posterior:

python

```
modelo = load_model('mi_modelo_tf')
```

Además de la compatibilidad con TensorFlow Serving, este formato permite que el modelo sea cargado en diferentes lenguajes, como C++, JavaScript y Swift, e implementado en entornos con soporte nativo a TensorFlow Lite o TensorFlow.js.

Si se desea guardar solo los pesos, Keras también lo permite por separado:

python

```
modelo.save_weights('pesos.h5')
```

Y, para recargar:

python

```
modelo.load_weights('pesos.h5')
```

Este enfoque es útil cuando se desea reconstruir la arquitectura manualmente y solo recuperar los parámetros entrenados.

Técnicas tradicionales de versionamiento: valorizando el versionamiento de modelos, logs de metadatos y docstrings

Versionar modelos de forma sistemática es esencial en entornos de ingeniería de machine learning. Esto implica mucho más que numerar archivos. Un buen sistema de versionamiento incluye:

- nomenclatura estandarizada de archivos y carpetas con fechas e identificadores

- almacenamiento de los hiperparámetros usados en el entrenamiento

- captura de las métricas de desempeño de validación y prueba

- registro de dependencias y bibliotecas utilizadas

- documentación de cambios en docstrings o archivos README

Se recomienda integrar logs técnicos directamente al ciclo de guardado. Un ejemplo clásico de versionamiento basado en timestamp:

python

```python
import datetime

modelo.save(f'modelos/
modelo_{datetime.datetime.now().strftime("%Y%m%d_%H
%M%S")}.h5')
```

También es práctica común generar un archivo .json conteniendo los metadatos:

python

```python
import json


metadatos = {
    'modelo': 'CNN para clasificación de imágenes',
    'fecha_entrenamiento': str(datetime.datetime.now()),
    'epocas': 20,
    'optimizador': 'adam',
    'precision_val': 0.935
}


with open('modelos/metadatos.json', 'w') as f:
    json.dump(metadatos, f)
```

Estos registros facilitan trazabilidad, auditoría y comparación de versiones, además de apoyar decisiones técnicas sobre mejora de modelos.

Reutilización de modelos en producción: buena práctica para equipos de desarrollo que buscan estabilidad

Reutilizar modelos entrenados en entornos de producción exige atención a puntos críticos. El modelo debe ser exportado de forma limpia, sin datos innecesarios, y acompañado de una interfaz bien definida para inferencia.

Al implementar un modelo guardado, el equipo de ingeniería debe garantizar:

- consistencia entre el preprocesamiento de los datos en tiempo de entrenamiento y producción

- control de versiones de las bibliotecas de dependencia

- aislamiento del modelo en contenedores o entornos virtuales

- pruebas unitarias de entradas y salidas del modelo

- monitoreo de desempeño en tiempo real

Una práctica consolidada en pipelines de producción es la creación de una función de carga centralizada:

python

```python
def cargar_modelo_produccion(ruta_modelo):
    import tensorflow as tf
    modelo = tf.keras.models.load_model(ruta_modelo)
```

```
return modelo
```

Esta función es invocada por APIs, microservicios o scripts de análisis, garantizando que todos los sistemas utilicen la misma versión del modelo, evitando inconsistencias.

En entornos empresariales, la reutilización de modelos también implica seguridad y trazabilidad. Es común integrar soluciones de gestión de modelos (MLflow, DVC, TFX) para control completo del ciclo de vida del modelo.

Errores comunes y soluciones

Error: modelo guardado no carga correctamente
Al usar capas personalizadas, Keras puede no reconocer la estructura al cargar.
Solución: registre la capa personalizada con custom_objects en load_model.

Error: diferencias de resultado entre entrenamiento y producción
Preprocesamiento divergente entre entornos causa distorsiones en la inferencia.
Solución: encapsule el pipeline de preparación de los datos como función unificada y compártala con el equipo.

Error: incompatibilidad de versiones
Actualizaciones de TensorFlow o Keras pueden romper la compatibilidad con modelos guardados.
Solución: registre la versión de TensorFlow al momento del guardado y mantenga entornos controlados con requirements.txt o pip freeze.

Error: pérdida de historial de métricas
Guardar solo pesos o arquitectura impide análisis comparativo de desempeño.
Solución: siempre guarde el historial de entrenamiento (loss, accuracy, etc.) y almacénelo junto con el modelo.

Buenas prácticas y aplicaciones reales

- guarde modelos completos al final de cada experimento relevante

- use nomenclatura estandarizada con fecha, nombre del proyecto y métrica principal

- documente los hiperparámetros, datasets y resultados junto al modelo

- prefiera el formato SavedModel para producción y compatibilidad con herramientas modernas

- cree scripts automatizados para guardar y cargar modelos en diferentes etapas del pipeline

- valide siempre la equivalencia entre el modelo guardado y el cargado

- integre el guardado a la lógica de callbacks para checkpoint automático:

python

```
from tensorflow.keras.callbacks import ModelCheckpoint
```

```
checkpoint = ModelCheckpoint('mejor_modelo.h5',
monitor='val_accuracy', save_best_only=True)
```

En proyectos reales, el guardado de modelos es práctica obligatoria en:

- entrenamiento distribuido con múltiples nodos

- ajuste de hiperparámetros con validación cruzada

- comparación de modelos para A/B testing

- replicación de resultados en investigación aplicada

- integración con sistemas externos vía APIs REST o servicios embebidos

Empresas utilizan versionamiento riguroso para garantizar reproducibilidad, confiabilidad en producción y capacidad de auditoría regulatoria, especialmente en áreas críticas como salud, finanzas y transporte autónomo.

Guardar y cargar modelos de forma estratégica es uno de los pilares de la madurez en proyectos de machine learning. Va más allá de la persistencia técnica: se trata de garantizar estabilidad, trazabilidad y eficiencia en el ciclo de vida de la inteligencia aplicada.

Al adoptar formatos adecuados, versionamiento disciplinado e integración con herramientas de producción, el desarrollador eleva el nivel de confiabilidad de sus soluciones, reduce el retrabajo y acelera el time-to-market. Es el dominio de esta práctica lo que diferencia experimentos aislados de sistemas escalables. Y es en ese dominio donde se construye el futuro de la IA aplicada con calidad, seguridad e inteligencia operativa.

CAPÍTULO 19. ESCALADO Y DISTRIBUCIÓN

A medida que los modelos de aprendizaje profundo se vuelven más sofisticados y los conjuntos de datos más voluminosos, la capacidad de escalar el entrenamiento y distribuir la carga computacional se vuelve esencial. Keras, integrado con TensorFlow, ofrece soporte nativo para ejecución en múltiples GPUs, TPUs y clusters distribuidos, permitiendo que proyectos de IA avancen con eficiencia y precisión incluso en escenarios de alta demanda computacional. Este capítulo explora las estrategias prácticas de escalado, las configuraciones para aprovechar aceleradores modernos y los fundamentos del entrenamiento distribuido para clusters heterogéneos.

Entrenamiento en GPU y TPU: configuraciones adecuadas para máquinas modernas

Las unidades de procesamiento gráfico (GPUs) transformaron el campo del deep learning, ofreciendo miles de núcleos paralelos para operaciones de punto flotante. Al entrenar un modelo con Keras, el uso de la GPU es automático si un entorno CUDA está correctamente instalado. TensorFlow reconoce la GPU disponible y desplaza los tensores y operaciones hacia ella sin necesidad de modificar el código original.

Para verificar si la GPU está siendo utilizada:

python

```
from tensorflow.python.client import device_lib
```

```
print(device_lib.list_local_devices())
```

O, directamente con TensorFlow:

python

```
import tensorflow as tf
print("GPU disponible:", tf.config.list_physical_devices('GPU'))
```

TensorFlow ofrece control explícito sobre la asignación de memoria:

python

```
gpus = tf.config.list_physical_devices('GPU')
tf.config.experimental.set_memory_growth(gpus[0], True)
```

Este ajuste evita que la GPU reserve toda la memoria al inicio, asignándola bajo demanda conforme la ejecución progresa.

Las TPUs (Tensor Processing Units) ofrecen aún más rendimiento a gran escala. Requieren integración con el entorno de Google Cloud o con Colab, que proporciona TPUs gratuitamente. El código debe adaptarse para usar tf.distribute.TPUStrategy:

python

```
resolver = tf.distribute.cluster_resolver.TPUClusterResolver()
tf.config.experimental_connect_to_cluster(resolver)
tf.tpu.experimental.initialize_tpu_system(resolver)
estrategia = tf.distribute.TPUStrategy(resolver)
```

```
with estrategia.scope():
    modelo = construir_modelo()
    modelo.compile(...)
```

El entrenamiento en TPU puede acelerar el proceso significativamente, especialmente en conjuntos de datos de alta dimensión o arquitecturas profundas con muchos parámetros.

Distribución Multi-GPU: introducción a las estrategias de paralelismo en Keras

Cuando múltiples GPUs están disponibles, Keras permite paralelizar el entrenamiento usando la estrategia MirroredStrategy, que replica el modelo en todas las GPUs y sincroniza los gradientes en cada paso.

python

```
estrategia = tf.distribute.MirroredStrategy()

with estrategia.scope():
    modelo = construir_modelo()
    modelo.compile(...)
```

Este enfoque no exige alteraciones en el modelo. Keras se encarga de dividir los batches entre las GPUs y realizar el promedio de los gradientes. Es la opción ideal para estaciones de trabajo con dos o más GPUs locales.

Otras estrategias de distribución incluyen:

- MultiWorkerMirroredStrategy: usada para entrenamiento en múltiples nodos con GPUs en cada máquina.

- ParameterServerStrategy: separa los parámetros en servidores dedicados y las computaciones en workers.

- CentralStorageStrategy: mantiene los pesos en la CPU y distribuye solo los datos a las GPUs.

La elección de la estrategia depende de la topología de la infraestructura, del tamaño del modelo y de la frecuencia de sincronización necesaria.

Casos clásicos de cluster: utilización de TensorFlow distribuido, lecciones tradicionales de computación de alto rendimiento

La computación distribuida ya es una práctica consolidada en áreas como bioinformática, simulaciones físicas e ingeniería aeroespacial. Con el avance del deep learning, los clusters pasaron a ser utilizados para acelerar entrenamientos de semanas a horas.

TensorFlow permite distribuir tareas entre diferentes máquinas mediante MultiWorkerMirroredStrategy. El entorno debe estar configurado con variables de entorno que indiquen el papel de cada nodo:

bash

```
TF_CONFIG='{
  "cluster": {
    "worker": ["worker1:port", "worker2:port"]
  },
```

```
"task": {"type": "worker", "index": 0}
}'
```

Este archivo de configuración debe estar presente en cada máquina participante. El código Python permanece igual:

python

```
estrategia = tf.distribute.MultiWorkerMirroredStrategy()
with estrategia.scope():
    modelo = construir_modelo()
    modelo.compile(...)
```

Este modelo es escalable horizontalmente, ideal para grandes datasets que requieren paralelismo real. Utiliza redes de alta velocidad para sincronizar los gradientes, garantizando consistencia en el aprendizaje.

Las lecciones clásicas de la computación de alto rendimiento también se aplican:

- minimice la comunicación entre nodos

- agrupe operaciones para reducir la sobrecarga

- maximice la eficiencia de la memoria caché

- evite cuellos de botella de I/O (input/output)

El uso de formatos binarios como TFRecord acelera la lectura de datos en clusters, y el uso de pipelines asíncronos con tf.data permite lectura, transformación y carga en paralelo al entrenamiento.

Errores comunes y soluciones

Error: uso ineficiente de la GPU
El modelo sigue utilizando solo la CPU, incluso con GPU disponible.
Solución: verifique la instalación correcta de CUDA, cuDNN y drivers. Confirme con tf.config.list_physical_devices.

Error: asignación excesiva de memoria
Al iniciar, la GPU asigna toda la VRAM disponible, causando conflicto con otros procesos.
Solución: use set_memory_growth(True) para evitar asignación total inmediata.

Error: estrategia de distribución no respetada
Al usar múltiples workers, el entrenamiento falla o no sincroniza correctamente.
Solución: configure correctamente la variable TF_CONFIG y use infraestructura con sincronización confiable.

Error: pérdida de rendimiento
El entrenamiento distribuido es más lento que en una sola GPU.
Solución: revise el batch size (debe ser mayor en distribución), verifique cuellos de botella de I/O, y evite llamadas sincronizadas excesivas.

Buenas prácticas y aplicaciones reales

- verifique siempre si el modelo está realmente utilizando el hardware disponible

- utilice MirroredStrategy para proyectos locales con múltiples GPUs

- prefiera TPUStrategy cuando use Google Cloud o Colab con grandes lotes

- almacene datasets en formatos optimizados como TFRecord o HDF5

- combine tf.data con preprocesamiento asíncrono para alimentar el modelo sin interrupciones

- haga profiling con tf.profiler para identificar cuellos de botella

- aumente el batch size proporcionalmente al número de GPUs

- guarde checkpoints con ModelCheckpoint para evitar pérdida de progreso en sistemas distribuidos

- automatice el reinicio de workers con herramientas de orquestación como Kubernetes o Apache Airflow

Aplicaciones reales que se benefician del escalado incluyen:

- entrenamiento de modelos de visión computacional con millones de imágenes

- procesamiento de lenguaje con modelos basados en Transformers de gran escala

- simulaciones científicas que involucran múltiples variables y ajustes finos

- soluciones corporativas que necesitan acelerar el time-to-deployment de modelos

- entornos de investigación aplicada que prueban cientos de combinaciones de hiperparámetros

Escalar y distribuir el entrenamiento de modelos dejó de ser una ventaja competitiva para convertirse en una exigencia en proyectos reales. La capacidad de aprovechar el poder de las GPUs, TPUs y clusters define la agilidad, la precisión y la viabilidad de soluciones de IA a gran escala.

Al dominar las estrategias de paralelismo ofrecidas por Keras y TensorFlow, el desarrollador se vuelve capaz de construir pipelines que van del prototipo local al entrenamiento distribuido en entornos empresariales. Con ello, no solo acelera el tiempo de ejecución, sino que también amplía la capacidad de explorar modelos más profundos, datasets más grandes y escenarios más complejos.

Dominar el escalado es garantizar que la inteligencia artificial opere con todo su potencial, sin límites artificiales impuestos por el hardware. Es transformar recursos computacionales en ventaja estratégica real.

CAPÍTULO 20.
HYPERPARAMETER TUNING
CON KERAS TUNER

La definición de hiperparámetros siempre ha sido una etapa crítica y delicada en el desarrollo de modelos de aprendizaje profundo. Antes de la automatización, este proceso dependía fuertemente de la intuición del programador, prueba y error, y experimentación manual exhaustiva. Elegir la cantidad de neuronas, número de capas, tasa de aprendizaje o función de activación podía determinar el éxito o fracaso de un modelo. Con la maduración de las bibliotecas de deep learning, herramientas como Keras Tuner emergieron para tornar este proceso más inteligente, estructurado y eficiente. Este capítulo presenta la importancia del tuning, cómo integrar Keras Tuner con modelos Keras y cómo conducir búsquedas sistemáticas por combinaciones de hiperparámetros que maximizan el rendimiento del modelo.

Importancia de los hiperparámetros: recordando el proceso manual del pasado

Durante muchos años, la construcción de redes neuronales dependía casi exclusivamente de la experiencia del desarrollador. Ajustes manuales en parámetros como número de unidades por capa, tasa de regularización, batch size y optimización del learning rate eran realizados con base en intentos sucesivos. Este proceso, aunque educativo, era ineficiente y no escalaba bien.

La elección de hiperparámetros influye directamente en el comportamiento del modelo:

- una tasa de aprendizaje demasiado alta puede causar divergencia

- un número excesivo de neuronas puede llevar a overfitting

- regularización insuficiente perjudica la generalización

- funciones de activación mal combinadas inhiben el flujo de gradientes

Con la diversidad de configuraciones posibles, el número de combinaciones crece exponencialmente. Automatizar este proceso garantiza una búsqueda más estructurada por arquitecturas optimizadas, reduciendo el costo de experimentación y permitiendo que el foco se mantenga en la calidad de los datos y en la aplicación práctica del modelo.

Keras Tuner: optimización automatizada de parámetros y arquitecturas

Keras Tuner es una biblioteca oficial para búsqueda y ajuste automático de hiperparámetros en modelos Keras. Soporta diferentes algoritmos de búsqueda, como:

- RandomSearch: sortea aleatoriamente combinaciones de parámetros

- Hyperband: optimiza tiempo y rendimiento con asignación adaptativa de recursos

- BayesianOptimization: estima qué combinaciones tienen

mayor probabilidad de mejorar el rendimiento

- SklearnTuner: integra optimizadores de scikit-learn

La instalación puede realizarse con:

bash

```
pip install keras-tuner
```

La estructura básica para uso de Keras Tuner involucra tres pasos:

- Definir una función de modelo parametrizable

- Elegir el algoritmo de búsqueda

- Ejecutar el proceso de tuning y recuperar los mejores resultados

Ejemplo de función de construcción del modelo:

python

```
import keras_tuner as kt
from tensorflow.keras.models import Sequential
from tensorflow.keras.layers import Dense, Dropout

def construir_modelo(hp):
    modelo = Sequential()
    modelo.add(Dense(units=hp.Int('unidades_1',
min_value=32, max_value=256, step=32),
```

```
        activation='relu', input_shape=(input_dim,)))
modelo.add(Dropout(rate=hp.Float('dropout_1', 0.0, 0.5,
step=0.1)))
modelo.add(Dense(units=hp.Int('unidades_2', 32, 256, 32),
activation='relu'))
modelo.add(Dense(1, activation='sigmoid'))

modelo.compile(
    optimizer='adam',
    loss='binary_crossentropy',
    metrics=['accuracy']
)
return modelo
```

Con la función definida, se elige un optimizador:

python

```
tuner = kt.RandomSearch(
    construir_modelo,
    objective='val_accuracy',
    max_trials=10,
    executions_per_trial=2,
    directory='tuning_resultados',
    project_name='modelo_clasificacion'
)
```

E inicia el proceso de búsqueda:

python

```
tuner.search(x_train, y_train, epochs=10,
validation_data=(x_val, y_val))
```

Al final, el mejor modelo puede recuperarse:

python

```
mejor_modelo = tuner.get_best_models(num_models=1)[0]
```

Este modelo ya viene entrenado con los mejores hiperparámetros encontrados, listo para ser evaluado en datos de prueba o guardado para producción.

Ejemplos de tuning: ajuste de número de neuronas, capas, tasas de dropout

Keras Tuner ofrece diferentes tipos de hiperparámetros:

- hp.Int(): define un número entero dentro de un rango

- hp.Float(): define un valor decimal con intervalo y paso

- hp.Choice(): selecciona un valor de una lista predefinida

- hp.Boolean(): activa o desactiva componentes del modelo

A continuación, una versión con elección de función de activación y número de capas:

python

```
def construir_modelo(hp):
    modelo = Sequential()
    for i in range(hp.Int('num_capas', 1, 3)):
        modelo.add(Dense(
            units=hp.Int(f'unidades_{i}', 64, 256, step=64),
            activation=hp.Choice('activacion', ['relu', 'tanh'])
        ))
    modelo.add(Dense(1, activation='sigmoid'))
    modelo.compile(
        optimizer='adam',
        loss='binary_crossentropy',
        metrics=['accuracy']
    )
    return modelo
```

Este enfoque permite evaluar cuántas capas ocultas son ideales, cuántas unidades usar en cada una y qué función de activación produce mejor resultado.

Errores comunes y soluciones

Error: espacio de búsqueda muy amplio
Definir rangos muy grandes puede tornar la búsqueda

ineficiente o consumir tiempo excesivo.

Solución: restrinja los intervalos con base en conocimiento previo o métricas anteriores.

Error: overfitting en el proceso de tuning

Ejecutar muchas iteraciones sin validación puede llevar a modelos sobreajustados al conjunto de validación.

Solución: use executions_per_trial mayor que 1, cree una división robusta de los datos y valide con conjunto de prueba externo.

Error: uso de métrica inadecuada

La elección incorrecta del objetivo de optimización compromete los resultados.

Solución: seleccione métricas apropiadas al problema, como val_accuracy, val_loss, val_auc.

Error: reutilización de directorio de tuning

Ejecutar dos procesos diferentes en el mismo directorio puede corromper los resultados.

Solución: use project_name y directory únicos para cada experimento.

Buenas prácticas y aplicaciones reales

- defina una función de modelo clara, con hiperparámetros bien nombrados

- use Hyperband cuando el tiempo de ejecución sea un factor crítico

- guarde los resultados del tuner en logs para

documentación

- siempre valide los mejores modelos en datos no utilizados durante el tuning

- almacene los hiperparámetros ganadores para reutilización en producción

- aplique tuning en bloques separados (arquitectura, regularización, optimizadores)

- combine tuning con técnicas de callbacks como EarlyStopping y ReduceLROnPlateau

El ajuste de hiperparámetros es especialmente útil en:

- proyectos con datasets pequeños, donde el overfitting es frecuente

- arquitecturas personalizadas con muchas decisiones estructurales

- pipelines automatizados que exigen reproducibilidad

- aplicaciones comerciales con exigencia de rendimiento máximo

La búsqueda por mejores hiperparámetros es una de las formas más directas de elevar el rendimiento de un modelo de machine learning. Con Keras Tuner, este proceso gana agilidad, método y profundidad, transformando prueba y error en un proceso sistemático, auditado e integrado al ciclo de desarrollo técnico.

Dominar el tuning automatizado permite al profesional explorar más soluciones en menos tiempo, responder con rapidez a las exigencias de producción y construir modelos optimizados desde el inicio. Es una habilidad central para quien busca excelencia técnica con resultados reales y aplicables. Al adoptar esta práctica, el desarrollador pasa a diseñar modelos con precisión quirúrgica, extrayendo el máximo potencial de la arquitectura elegida.

CAPÍTULO 21. MONITOREO Y OBSERVABILIDAD

A medida que los modelos de aprendizaje profundo migran de los laboratorios a entornos de producción, la capacidad de monitorear su operación en tiempo real se vuelve indispensable. Ya no basta con que un modelo funcione bien en los datos de prueba. Es necesario garantizar su estabilidad, previsibilidad y alineación con los objetivos del negocio a lo largo del tiempo. Monitoreo y observabilidad son, por lo tanto, pilares de la madurez operativa de la inteligencia artificial. Este capítulo presenta los fundamentos de la observabilidad aplicada a modelos en producción, integraciones con herramientas del mercado y buenas prácticas para alertas, trazabilidad y respuesta rápida ante anomalías.

Métricas de negocio y técnicas de observabilidad: avance del concepto de logs, traces y dashboards

La observabilidad va más allá del monitoreo técnico. Involucra la recolección continua de señales que permiten entender el estado interno de un sistema complejo a partir de sus salidas externas. En sistemas de machine learning, esto incluye:

- métricas operativas (latencia, throughput, uso de memoria y CPU)

- métricas del modelo (accuracy, loss, cross-entropy, F1-score, AUC)

- métricas del negocio (tasa de conversión, abandono, costo por predicción, retorno sobre la inversión)

La combinación de estas tres categorías permite evaluar no solo si el modelo está funcionando técnicamente, sino si está generando valor en el contexto en el que fue insertado.

Además de las métricas, los pilares técnicos de la observabilidad incluyen:

- logs: registros cronológicos de eventos, como errores, excepciones, llamadas de función

- traces: trazabilidad de llamadas distribuidas, útil en arquitecturas con microservicios

- dashboards: paneles visuales que muestran métricas en tiempo real

Para capturar esta información, se recomienda instrumentar el código con puntos de medición en ubicaciones estratégicas:

python

```
import logging

logging.basicConfig(level=logging.INFO)
logging.info('Inicio de la inferencia por lotes')
```

Y enviar métricas a sistemas externos como Prometheus o Grafana:

python

```
from prometheus_client import Gauge
```

```
acuracia_metric = Gauge('modelo_acuracia', 'Precisión del
modelo en producción')
acuracia_metric.set(0.914)
```

La adopción de estas prácticas permite diagnosticar degradación de performance, identificar desviaciones estadísticas y prevenir fallos silenciosos.

Integración con herramientas del mercado: herramientas de APM (Application Performance Monitoring)

Las herramientas de APM fueron desarrolladas para observar sistemas complejos en tiempo real, identificando cuellos de botella, fallos y anomalías. Cuando se integran al pipeline de machine learning, proporcionan una capa adicional de control operacional.

Las principales herramientas utilizadas incluyen:

- Datadog: ofrece dashboards, alertas, trazabilidad distribuida y soporte para modelos ML vía SDKs específicos

- Prometheus: sistema de monitoreo open-source con recolección vía scraping e integración con Grafana

- Grafana: plataforma de visualización de métricas, usada para crear dashboards en tiempo real

- ELK Stack (Elasticsearch, Logstash, Kibana): popular para centralización de logs y análisis de eventos

- Sentry: excelente para captura de errores y alertas en APIs de inferencia

Integrar Keras con herramientas de APM generalmente implica instrumentar los endpoints de inferencia. Un ejemplo clásico con Flask:

python

```
from flask import Flask, request
import time

app = Flask(__name__)

@app.route('/inferir', methods=['POST'])
def inferir():
    inicio = time.time()
    entrada = request.json['entrada']
    resultado = modelo.predict([entrada])
    fim = time.time()
    duracion = fim - inicio
    logging.info(f"Inferencia realizada en {duracion:.4f} segundos")
    return {'resultado': resultado.tolist()}
```

Este log puede ser enviado automáticamente a una herramienta de análisis de tiempo de respuesta. En arquitecturas modernas, cada componente del pipeline – desde el preprocesamiento hasta la respuesta final – es observado individualmente.

Alertas y buenas prácticas en producción: prevención de fallas y rollback tradicional en sistemas complejos

La construcción de alertas eficaces es una de las formas más directas de preservar la integridad de los modelos en producción. Las alertas no deben ser genéricas ni excesivamente sensibles. Deben ser:

- basadas en métricas relevantes para el negocio

- calibradas con umbrales realistas

- activadas en eventos que requieren acción humana o automática

Algunos ejemplos comunes:

- caída súbita de accuracy por debajo de un umbral determinado

- aumento abrupto en la latencia de inferencia

- desbalance de clases en predicciones recientes

- volumen inesperado de entradas nulas o corruptas

Las alertas deben integrarse con herramientas de comunicación del equipo (Slack, email, PagerDuty) y documentarse en runbooks de respuesta rápida.

Además, debe preverse un mecanismo de rollback. Esto puede incluir:

- mantener la versión anterior del modelo en standby

- usar versionado con control por hash

- adoptar un modelo fallback basado en reglas

- encapsular el modelo en contenedores versionados con Docker

El rollback tradicional no elimina la necesidad de análisis del fallo, pero asegura continuidad operacional hasta que se diagnostique la causa raíz.

Errores comunes y soluciones

Error: el modelo sigue funcionando, pero las predicciones pierden sentido
Este tipo de falla silenciosa ocurre por cambios en el patrón de los datos de entrada, sin que ocurra error técnico.
Solución: implemente monitoreo de distribución de datos y validación de drift.

Error: ausencia de logs en puntos críticos
Sin visibilidad del flujo interno, se vuelve imposible diagnosticar problemas.
Solución: inserte logs en todas las etapas del pipeline: entrada, preprocesamiento, inferencia y salida.

Error: exceso de alertas genera fatiga
Alertas mal calibradas son ignoradas con el tiempo, perdiendo efectividad.
Solución: revise los umbrales con base en series temporales históricas y cree escalamiento de severidad.

Error: falta de trazabilidad del modelo en producción
No saber qué versión está en uso impide comparación y rollback.
Solución: adopte versionado formal e incluya metadatos del modelo en cada llamada de API.

Buenas prácticas y aplicaciones reales

- defina un conjunto mínimo de métricas para cada modelo en producción

- utilice herramientas como MLflow o Neptune.ai para registrar metadatos y métricas

- integre paneles de observabilidad con herramientas de orquestación (Airflow, Kubeflow)

- automatice pruebas de salud (healthchecks) periódicas

- construya mecanismos de validación automática por lotes con datos de producción

- adopte lógica de "canary deployment" con pruebas en pequeños subconjuntos antes de escalar el nuevo modelo

Empresas que operan con alto volumen de solicitudes en tiempo real utilizan observabilidad para garantizar SLA, mitigar riesgos reputacionales y mantener control sobre el comportamiento de los modelos en campo. Casos clásicos incluyen motores de recomendación, detección de fraudes y análisis de crédito, donde desviaciones no detectadas pueden generar impacto financiero significativo.

Monitorear modelos de aprendizaje automático en producción es un compromiso con la responsabilidad técnica y la continuidad operacional. La inteligencia artificial, por más avanzada que sea, está sujeta a errores, desviaciones y degradación. La observabilidad permite transformar incertidumbres en diagnósticos precisos y respuestas ágiles.

Al adoptar prácticas consolidadas de logging, trazabilidad, versionado y alertas, el profesional de IA amplía su campo de visión, dejando de ser solo un creador de modelos y convirtiéndose en guardián de sistemas inteligentes confiables. Eso es lo que diferencia prototipos experimentales de soluciones reales que sustentan negocios, operaciones críticas e innovación continua.

CAPÍTULO 22. MLOPS E INTEGRACIÓN CONTINUA

El avance de la inteligencia artificial no depende solo de buenos modelos, sino de procesos bien definidos para poner esos modelos en producción con calidad, confiabilidad y trazabilidad. MLOps, o Machine Learning Operations, surge como la adaptación de los principios tradicionales de DevOps a la realidad de los sistemas inteligentes, buscando garantizar que el desarrollo de modelos esté integrado al ciclo de vida de la aplicación como un todo. Este capítulo explora los fundamentos de MLOps, destaca la importancia de los pipelines automatizados y presenta estrategias clásicas y modernas para integración continua, pruebas y reproducibilidad.

Ciclos clásicos de desarrollo: valorizando el modelo tradicional de DevOps y CI/CD

DevOps transformó el desarrollo de software al combinar desarrollo (Dev) y operaciones (Ops), rompiendo silos y promoviendo automatización, integración continua (CI), entrega continua (CD) e infraestructura como código. Con el surgimiento del aprendizaje automático, estos principios fueron adaptados para incluir elementos como datos, validación de modelos, experimentación y monitoreo de drift.

El ciclo clásico de MLOps sigue una estructura que valora:

- automatización de pruebas y validación de modelos

- versionado de código, datos y modelos

- reproducibilidad de experimentos

- integración con ambientes de producción mediante pipelines CI/CD

- rollback seguro y versionado de modelos anteriores

A diferencia del software tradicional, el aprendizaje automático introduce variables adicionales: calidad y volumen de los datos, variabilidad en los resultados y evolución continua del conocimiento. Por eso, el ciclo debe prever no solo la entrega del código, sino también la entrega y monitoreo del modelo entrenado, su entorno y sus artefactos.

Pipelines automatizados: conexión de Keras con herramientas de CI para entrenamiento, prueba y despliegue

Para transformar un proyecto Keras en un flujo MLOps completo, es esencial automatizar etapas como entrenamiento, pruebas, validación, guardado de modelos, despliegue y monitoreo. Herramientas como GitHub Actions, GitLab CI, Jenkins, CircleCI y Bitbucket Pipelines permiten la ejecución de workflows en cada commit del repositorio.

La estructura básica de un pipeline para modelos Keras puede incluir:

- etapa 1: validación del código con linting y pruebas unitarias

- etapa 2: ejecución de scripts de entrenamiento con parámetros controlados

- etapa 3: validación con conjunto de pruebas y métricas definidas

- etapa 4: versionado y guardado del modelo en repositorio de artefactos

- etapa 5: despliegue automatizado vía API o contenedor

- etapa 6: activación de alertas y monitoreo continuo

Ejemplo con GitHub Actions:

yaml

```yaml
name: Entrenamiento y Despliegue de Modelo

on:
  push:
    branches:
      - main

jobs:
  entrenar-y-desplegar:
    runs-on: ubuntu-latest
    steps:
    - name: Checkout del código
      uses: actions/checkout@v2

    - name: Instalación de dependencias
```

```
run: |
    python -m venv venv
    source venv/bin/activate
    pip install -r requirements.txt


- name: Entrenamiento del modelo
  run: |
    python entrenamiento_modelo.py


- name: Despliegue vía API
  run: |
    curl -X POST http://api.ejemplo.com/desplegar-modelo
```

Este pipeline ejecuta automáticamente el entrenamiento e inicia el despliegue si el entrenamiento es exitoso. El script entrenamiento_modelo.py debe contener todas las etapas de preprocesamiento, modelado y guardado.

Para almacenamiento y versionado de modelos, se recomienda el uso de repositorios de artefactos como MLflow, DVC, Weights & Biases, o incluso almacenamiento S3, GCS y Azure Blob con control por hash y metadatos.

Reproducción de experimentos: uso de contenedores y entornos inmutables

La reproducibilidad es una exigencia técnica y ética en proyectos de IA. Un modelo solo es confiable si puede ser reproducido con los mismos resultados en cualquier máquina, con los mismos datos y parámetros.

Para esto, se debe adoptar:

- entornos aislados e inmutables con Docker o Conda

- versiones fijas de bibliotecas vía requirements.txt o environment.yml

- guardado de hiperparámetros y configuración en archivos JSON o YAML

- control de versión de datos y artefactos con herramientas como DVC

Ejemplo de Dockerfile para proyectos Keras:

dockerfile

```
FROM tensorflow/tensorflow:2.13.0


WORKDIR /app
COPY . /app


RUN pip install -r requirements.txt


CMD ["python", "entrenamiento_modelo.py"]
```

La construcción de imágenes inmutables garantiza que cualquier pipeline, ya sea local, en la nube o en clúster, tenga acceso al mismo entorno, eliminando variaciones inesperadas.

Además, el uso de notebooks Jupyter debe ir acompañado de

exportaciones a scripts .py con control de versión, evitando inconsistencias generadas por celdas fuera de orden o ediciones no registradas.

Errores comunes y soluciones

Error: el modelo en producción difiere del modelo probado localmente
Causado por diferencias de entorno, versiones o archivos de datos.
Solución: utilice contenedores, entornos virtuales y versionado completo de datasets.

Error: pipeline falla en ambientes externos
Variables de entorno, permisos o dependencias pueden estar ausentes en el CI.
Solución: documente todas las dependencias y utilice herramientas como .env, dotenv o Secrets de las plataformas CI.

Error: falta de validación antes del despliegue
Modelos sin validación técnica o de negocio pueden causar regresiones.
Solución: cree etapas obligatorias de prueba con métricas mínimas antes de permitir el despliegue automático.

Error: modelo entra en producción sin trazabilidad
La falta de versionado impide rollback o comparación posterior.
Solución: genere un ID único para cada versión del modelo, guarde en logs y asocie a métricas, fecha y configuración.

Buenas prácticas

- integre todo el ciclo de ML en repositorios con control de versiones

- mantenga pipelines de CI claros y divididos por etapas

- adopte herramientas de control de experimentos como MLflow o Neptune.ai

- automatice rollback de modelos en caso de fallo

- evite notebooks no rastreados en producción

- utilice commit hash como identificador universal para modelos, datos y scripts

- priorice pruebas automatizadas antes de ejecutar cualquier despliegue

- documente decisiones de arquitectura y resultados en archivos README o docstrings en los scripts

MLOps representa la madurez de los sistemas de machine learning. Va más allá de la creación de modelos, abrazando prácticas de ingeniería de software, automatización, seguridad y reproducibilidad. Integrar Keras en pipelines CI/CD no es solo una decisión técnica, es una postura profesional que asegura la escalabilidad y la confianza de la solución.

Al dominar MLOps, el desarrollador pasa a operar como un arquitecto de inteligencia real, capaz de transformar modelos en servicios, experimentos en productos y scripts en sistemas vivos. Ese es el camino de la ingeniería de IA moderna: confiable, trazable, automatizada e integrada al flujo de valor continuo de las organizaciones.

CAPÍTULO 23. INTERPRETACIÓN DE MODELOS EN DEEP LEARNING

A medida que los modelos de deep learning se vuelven más sofisticados y capaces de resolver problemas complejos con alta precisión, también crece la demanda por transparencia y comprensión de cómo se toman esas decisiones. La interpretabilidad, antes considerada secundaria, pasó a ocupar un papel central en dominios críticos como salud, finanzas y seguridad. Comprender los mecanismos internos de una red neuronal es una etapa esencial para validar resultados, generar confianza y cumplir con exigencias regulatorias. Este capítulo explora los desafíos de la interpretabilidad, presenta técnicas prácticas para visualización de relevancia en entradas y discute su impacto en aplicaciones sensibles.

Desafíos de interpretabilidad: cómo el deep learning suele verse como una "caja negra"

Las redes neuronales profundas operan mediante miles o millones de parámetros ajustados automáticamente durante el proceso de entrenamiento. Estas estructuras complejas, compuestas por múltiples capas no lineales, son excelentes para capturar patrones y relaciones sutiles en los datos. Sin embargo, precisamente por esa complejidad, tienden a ser percibidas como sistemas opacos, donde es difícil entender por qué se hizo una determinada predicción.

Este problema se amplifica cuando:

- el modelo toma decisiones críticas (aprobar crédito, diagnosticar enfermedades, detectar fraudes)

- hay impacto directo sobre personas o procesos regulados

- es necesario justificar decisiones a usuarios, clientes o auditores

La ausencia de interpretabilidad puede generar desconfianza, dificultar la adopción en sectores estratégicos e incluso impedir el despliegue en producción por barreras legales. Por eso, la búsqueda de métodos que expliquen las predicciones de los modelos se ha vuelto una prioridad.

La interpretabilidad no se limita a la explicación de aciertos. También es importante para:

- detectar sesgos en conjuntos de datos

- identificar comportamientos anómalos

- auditar decisiones y validar modelos antes de producción

- mejorar modelos con base en patrones aprendidos

Técnicas de visualización de saliencia (Saliency Maps): Grad-CAM, Integrated Gradients

Las técnicas de interpretación basadas en saliency maps se utilizan principalmente en tareas de visión computacional, pero sus principios también pueden adaptarse a datos tabulares y texto. La idea es identificar qué partes de la entrada influyeron más en la predicción del modelo, destacando los elementos con mayor peso en la decisión final.

Grad-CAM (Gradient-weighted Class Activation Mapping)

Grad-CAM utiliza los gradientes de la salida del modelo con respecto a las activaciones de una capa convolucional específica para generar mapas de calor que indican las regiones más importantes de la imagen. Esto es especialmente útil en redes CNN aplicadas a clasificación de imágenes.

Flujo básico:

- Elegir la última capa convolucional del modelo

- Calcular el gradiente de la predicción con respecto a las activaciones de esa capa

- Realizar un promedio global de los gradientes

- Multiplicar los gradientes medios por las activaciones

- Aplicar ReLU y redimensionar el mapa al tamaño original de la imagen

Uso en código:

python

```python
import tensorflow as tf
import numpy as np
import cv2


def generar_gradcam(modelo, imagen, capa_objetivo):
    grad_model = tf.keras.models.Model(
```

```python
    [modelo.inputs],
    [modelo.get_layer(capa_objetivo).output, modelo.output]
)

with tf.GradientTape() as tape:
    inputs = tf.cast(imagen, tf.float32)
    activaciones, salida = grad_model(inputs)
    clase_predicha = tf.argmax(salida[0])
    perdida = salida[:, clase_predicha]

grads = tape.gradient(perdida, activaciones)[0]
pesos = tf.reduce_mean(grads, axis=(0, 1))
gradcam = np.zeros(activaciones[0].shape[0:2])

for i, w in enumerate(pesos):
    gradcam += w * activaciones[0][:, :, i]

gradcam = np.maximum(gradcam, 0)
gradcam = cv2.resize(gradcam.numpy(), (imagen.shape[2],
imagen.shape[1]))
gradcam /= gradcam.max()

return gradcam
```

Este mapa de calor puede superponerse a la imagen original,

permitiendo identificar el foco del modelo al tomar su decisión.

Integrated Gradients

Esta técnica calcula el promedio de los gradientes a lo largo de un camino entre una entrada de referencia (por ejemplo, una imagen completamente negra) y la entrada real. Es útil para garantizar que la explicación sea sensible a la presencia real de las características en la entrada y evitar interpretaciones espurias.

Pasos principales:

- Definir una entrada base (baseline)

- Interpolar varios puntos entre la baseline y la entrada real

- Calcular los gradientes para cada punto

- Integrar los gradientes a lo largo del camino

Este enfoque es más robusto que métodos simples de gradiente, ya que respeta propiedades matemáticas como linealidad y sensibilidad.

Bibliotecas como Captum (para PyTorch) y tf-explain (para TensorFlow/Keras) ofrecen implementaciones optimizadas de estas técnicas, listas para integración con modelos existentes.

Aplicaciones críticas: salud, finanzas y áreas sensibles que exigen explicaciones detalladas

La interpretabilidad no es un lujo técnico, sino una exigencia práctica en muchas industrias. Algunos casos donde las explicaciones detalladas son obligatorias:

- **Salud:** un modelo de diagnóstico no puede simplemente indicar la presencia de una patología. Debe señalar en qué región de la imagen se detectó el patrón, especialmente en exámenes médicos.

- **Finanzas:** sistemas de crédito automatizados deben justificar rechazos con base en criterios auditables, sin sesgo implícito contra grupos protegidos.

- **Seguros:** decisiones sobre el valor de una póliza o aceptación de cobertura exigen transparencia, especialmente ante disputas legales.

- **Seguridad:** sistemas de vigilancia con reconocimiento facial deben ser auditables para evitar falsos positivos en poblaciones minoritarias.

- **Derecho:** modelos jurídicos que sugieren sentencias o clasificaciones legales deben proporcionar justificaciones alineadas con el ordenamiento jurídico.

En todos estos contextos, la explicabilidad aumenta la confianza, facilita la adhesión institucional y permite conformidad con legislaciones como la LGPD y el GDPR, que exigen el derecho a la explicación de decisiones automatizadas.

Errores comunes y soluciones

Error: confiar ciegamente en saliency maps
Los mapas de calor pueden parecer visualmente coherentes, pero no siempre representan correctamente la lógica interna del modelo.

Solución: valide con múltiples técnicas y realice pruebas con entradas controladas (perturbación, sustitución de regiones).

Error: aplicar técnica de interpretación fuera de contexto
Métodos para imágenes no siempre son válidos para texto o datos tabulares.
Solución: elija técnicas apropiadas para la modalidad y tipo de red utilizada.

Error: dependencia excesiva en la explicación para justificar errores del modelo
La interpretabilidad no sustituye la calidad del modelo. Explicar una decisión incorrecta no la hace aceptable.
Solución: utilice las explicaciones para mejora continua y no como defensa de modelos mal entrenados.

Error: no validar la consistencia de las explicaciones
Si la misma entrada genera explicaciones diferentes tras cambios irrelevantes, hay fragilidad.
Solución: pruebe la robustez de las explicaciones con entradas ligeramente alteradas.

Buenas prácticas

- combine varias técnicas para obtener explicaciones complementarias

- integre visualizaciones en los dashboards de monitoreo

- guarde mapas de calor y gradientes para auditorías futuras

- involucre especialistas de dominio en la validación de las interpretaciones

- automatice pruebas de coherencia entre explicaciones y predicciones

- aplique explicabilidad desde las etapas iniciales del desarrollo, no solo al final

- documente las técnicas utilizadas y los límites de su interpretación

La era de los modelos opacos está quedando atrás. La interpretabilidad no es solo una exigencia regulatoria, sino un diferencial técnico y estratégico. Saber lo que un modelo ha aprendido es tan importante como la precisión que alcanza. Especialmente en contextos críticos, la transparencia es lo que separa soluciones confiables de riesgos invisibles.

Al dominar técnicas como Grad-CAM, Integrated Gradients y otros enfoques de explicabilidad, el profesional de IA se califica para construir sistemas más éticos, auditables y sostenibles. La inteligencia no debe solo funcionar. Debe poder explicarse. Y esa es la capacidad que eleva la inteligencia artificial de lo experimental a lo esencial.

CAPÍTULO 24. INTEGRACIÓN CON OTRAS BIBLIOTECAS

El poder de Keras se potencia cuando se combina con otras bibliotecas fundamentales del ecosistema Python. La capacidad de integración con herramientas como Scikit-Learn, Pandas, Matplotlib y Plotly transforma a Keras en un núcleo operativo flexible para proyectos de aprendizaje automático. Desde la preparación de los datos hasta la visualización de resultados, estas integraciones proporcionan fluidez y control al profesional que busca precisión técnica con aplicabilidad real. Este capítulo presenta la conexión entre Keras y las principales bibliotecas del ecosistema, ofreciendo un flujo práctico de trabajo que valoriza cada etapa del recorrido de un proyecto completo.

Scikit-Learn y Pandas: preparación e ingeniería de features antes de ingresar a Keras

La base de cualquier modelo de aprendizaje automático comienza por la calidad de los datos. Pandas es la herramienta más popular para manipulación, limpieza y transformación de datasets. Scikit-Learn, por su parte, ofrece una colección sólida de transformadores, codificadores y validadores de datos, esenciales en la etapa de ingeniería de características.

Un flujo típico de integración entre Pandas, Scikit-Learn y Keras comienza con la lectura de los datos:

python

```
import pandas as pd
```

```
datos = pd.read_csv('clientes.csv')
```

Luego es posible realizar transformaciones tradicionales:

python
```
# Sustituir valores ausentes
datos.fillna(0, inplace=True)


# Codificación de variables categóricas
datos = pd.get_dummies(datos, columns=['sexo', 'estado_civil'])


# Normalización con Scikit-Learn
from sklearn.preprocessing import StandardScaler


scaler = StandardScaler()
datos[['renda', 'idade']] = scaler.fit_transform(datos[['renda',
'idade']])
```

Después del preprocesamiento, los datos pueden separarse en entrada y salida para alimentar un modelo Keras:

python
```
X = datos.drop('default', axis=1).values
y = datos['default'].values
```

Este flujo continuo evita la reinvención de etapas y permite reutilizar código consolidado en pipelines que aprovechan la robustez de las bibliotecas tradicionales.

Otro punto importante es la posibilidad de empaquetar el preprocesamiento con el modelo en un pipeline de Scikit-Learn:

python

```python
from sklearn.pipeline import Pipeline
from tensorflow.keras.wrappers.scikit_learn import
KerasClassifier


def crear_modelo():
    from tensorflow.keras.models import Sequential
    from tensorflow.keras.layers import Dense
    modelo = Sequential()
    modelo.add(Dense(64, activation='relu',
input_shape=(X.shape[1],)))
    modelo.add(Dense(1, activation='sigmoid'))
    modelo.compile(optimizer='adam',
loss='binary_crossentropy', metrics=['accuracy'])
    return modelo


pipeline = Pipeline([
    ('scaler', StandardScaler()),
    ('clasificador', KerasClassifier(build_fn=crear_modelo,
epochs=10, verbose=0))
])
```

Esto   facilita   la   validación   cruzada   e   integración con herramientas como GridSearchCV para ajuste de hiperparámetros.

Herramientas de gráfico: Matplotlib y Plotly para seguir desempeño y loss

Visualizar los resultados del entrenamiento es una de las formas más eficaces de detectar problemas de forma precoz, entender el comportamiento del modelo y ajustar decisiones de arquitectura o regularización.

Matplotlib sigue siendo una de las herramientas más confiables para generar gráficos estadísticos de manera rápida e integrada:

python

```
import matplotlib.pyplot as plt


historico = modelo.fit(X_train, y_train, validation_data=(X_val, y_val), epochs=20)


plt.plot(historico.history['loss'], label='Loss entrenamiento')

plt.plot(historico.history['val_loss'], label='Loss validación')

plt.xlabel('Época')

plt.ylabel('Loss')

plt.legend()

plt.title('Curva de Pérdida')

plt.show()
```

Para visualizaciones interactivas y análisis más dinámicos, Plotly se destaca. Permite navegar por gráficos, aplicar zoom y capturar insights visuales con mayor profundidad:

python

```python
import plotly.graph_objs as go
from plotly.offline import iplot

grafico = go.Figure()
grafico.add_trace(go.Scatter(y=historico.history['accuracy'],
name='Precisión Entrenamiento'))
grafico.add_trace(go.Scatter(y=historico.history['val_accuracy'],
name='Precisión Validación'))
grafico.update_layout(title='Precisión por Época',
xaxis_title='Épocas', yaxis_title='Precisión')
iplot(grafico)
```

Ambas bibliotecas pueden utilizarse de forma complementaria. Lo importante es garantizar que el desempeño del modelo esté siempre visible para análisis, facilitando ajustes continuos y mejora iterativa.

Ejemplos de flujo completo: usando Jupyter para notebooks de experimentos integrados

Los notebooks Jupyter siguen siendo una elección sólida para experimentos exploratorios y validación de hipótesis. Su estructura permite:

- alternar entre visualización de datos y código

- ejecutar celdas de manera aislada para pruebas rápidas

- documentar razonamientos a lo largo del proceso

- compartir conocimiento con otros equipos técnicos y de negocio

Un flujo completo en un notebook bien estructurado puede contener:

- Importación y descripción del dataset

- Preprocesamiento con Pandas y Scikit-Learn

- Visualizaciones iniciales con Matplotlib

- Construcción y entrenamiento del modelo con Keras

- Visualización de la curva de aprendizaje

- Evaluación final en conjunto de prueba

- Exportación del modelo y generación de reporte con métricas

- Interpretación de los resultados con Grad-CAM o SHAP

Este tipo de documento es útil tanto para control interno como para presentación en comités técnicos y reuniones de alineación con áreas de negocio.

Errores comunes y soluciones

Error: inconsistencia entre datos de entrenamiento y datos reales de producción

Frecuente cuando los datos pasan por un preprocesamiento diferente en el entorno de producción.

Solución: integre el preprocesamiento en el pipeline del modelo o serialice los transformadores con joblib.

Error: pérdida de metadatos de los datos en el proceso de transformación

Al usar .values o .to_numpy(), se pierden los nombres de las columnas, dificultando el rastreo.

Solución: mantenga estructuras de Pandas hasta el último momento antes de alimentar el modelo.

Error: incompatibilidad de tipos o formatos entre bibliotecas

Transformaciones hechas en Pandas pueden generar objetos no compatibles con TensorFlow/Keras.

Solución: convierta explícitamente los datos con .astype(np.float32) y valide las dimensiones.

Error: gráficas imprecisas o mal interpretadas

Confundir curvas de loss con overfitting cuando el modelo aún está aprendiendo.

Solución: use escalas coherentes, títulos claros e interpretación basada en análisis cuantitativo, no solo visual.

Buenas prácticas y aplicaciones reales

- mantenga el pipeline de datos externo al modelo, pero versionado conjuntamente

- documente cada transformación con docstrings o markdown en Jupyter

- combine Pandas y Scikit-Learn para validación y

consistencia de los datos

- utilice callbacks de Keras para registrar historial de métricas en archivos externos

- incorpore visualizaciones en el proceso de validación para detectar outliers y ruido

- guarde los notebooks en repositorios Git con commits de checkpoints relevantes

- integre métricas del modelo con visualizaciones interactivas para facilitar presentaciones

Proyectos en los que estas prácticas son decisivas incluyen diagnósticos médicos con redes convolucionales, predicción de churn con datos tabulares y análisis de riesgo en crédito bancario. En todos estos casos, el uso coordinado de bibliotecas clásicas con Keras ofrece velocidad, claridad y adaptabilidad para diferentes demandas.

La fuerza de Keras está en su simplicidad y capacidad de integración. Unir Pandas, Scikit-Learn, Matplotlib y Plotly en un flujo unificado permite al profesional de machine learning crear soluciones completas, con base sólida en ingeniería de datos y validación visual continua. No se trata solo de entrenar modelos, sino de construir sistemas confiables y rastreables.

Al dominar esta integración, el desarrollador gana no solo productividad, sino la capacidad de crear narrativas técnicas que dialogan con diferentes áreas del negocio. Cada gráfico, métrica y transformación se convierte en evidencia del valor que la inteligencia aplicada puede ofrecer, desde el experimento hasta el impacto real.

CAPÍTULO 25. DEPLOYMENT AVANZADO DE MODELOS KERAS

Transformar un modelo entrenado en una aplicación accesible, escalable y segura es el paso decisivo que conecta la ciencia de datos con la generación de valor concreto. El deployment de modelos Keras implica mucho más que simplemente guardar pesos y cargar archivos. Se trata de integrar el modelo en un servicio que pueda atender solicitudes externas, responder con baja latencia y operar con estabilidad incluso bajo carga variable. Este capítulo presenta estrategias avanzadas de deployment de modelos desarrollados con Keras, con enfoque en la creación de APIs REST, uso de servicios serverless en la nube y aplicación de principios clásicos de ingeniería de software para lograr escalabilidad y tolerancia a fallos.

Servir modelos: API REST y servidores tradicionales, recordando el uso de FastAPI y Flask

El primer paso en el deployment de un modelo Keras es transformarlo en un servicio que pueda recibir entradas vía HTTP y devolver predicciones en tiempo real. Esto se hace tradicionalmente a través de una API REST que encapsula el modelo entrenado y expone un endpoint para llamadas externas.

Flask y FastAPI son frameworks ligeros y populares que permiten esta integración con facilidad. FastAPI, además, ofrece tipado explícito, validación automática y mejor rendimiento, siendo ideal para servicios modernos.

Implementación con FastAPI:

python

```python
from fastapi import FastAPI
from pydantic import BaseModel
import tensorflow as tf
import numpy as np

app = FastAPI()
modelo = tf.keras.models.load_model('modelo_final.h5')


class Entrada(BaseModel):
    features: list


@app.post("/prever")
def prever(dados: Entrada):
    entrada = np.array([dados.features])
    previsao = modelo.predict(entrada)
    return {"resultado": previsao.tolist()}
```

Este servicio puede ejecutarse localmente con el comando uvicorn nombre_archivo:app --reload o empaquetado en un contenedor Docker para entornos más controlados. El uso de formatos estandarizados de entrada, como JSON, facilita la integración con sistemas externos y reduce la fricción en el consumo de la API.

Para modelos más pesados o con requisitos específicos, puede incluirse el preprocesamiento y postprocesamiento dentro de la propia función del endpoint, garantizando que la API encapsule todo el flujo necesario.

Serverless y nube: AWS Lambda, GCP Functions o Azure Functions

Los entornos serverless ofrecen la ventaja de escalar automáticamente, reducir costos por inactividad y eliminar la necesidad de gestionar infraestructura. Para proyectos con uso esporádico o que necesitan escalar bajo demanda, esta arquitectura es ideal.

En AWS, el modelo puede guardarse en S3 y el código de la función Lambda configurado para cargarlo bajo demanda. Sin embargo, existen límites de tamaño de paquete y tiempo de ejecución que deben ser considerados.

Flujo con AWS Lambda:

- Guardar el modelo en S3

- Crear una función Lambda con el código de carga y predicción

- Configurar un API Gateway para exponer la función como endpoint HTTP

- Ajustar permisos con IAM para permitir acceso al bucket S3

- Monitorear vía CloudWatch para análisis de desempeño

El código dentro de la función Lambda debe optimizar el tiempo de carga y prever almacenamiento en memoria siempre que sea posible:

python

```
import boto3
import tensorflow as tf
import numpy as np
import json

modelo = None

def carregar_modelo():
    global modelo
    if modelo is None:
        modelo = tf.keras.models.load_model('/tmp/modelo.h5')

def lambda_handler(event, context):
    carregar_modelo()
    entrada = json.loads(event['body'])['features']
    previsao = modelo.predict(np.array([entrada]))
    return {
        'statusCode': 200,
        'body': json.dumps({'resultado': previsao.tolist()})
    }
```

Este modelo puede adaptarse a Google Cloud Functions y Azure Functions con pequeñas modificaciones sintácticas. La principal ventaja del modelo serverless es la elasticidad: se paga solo por el tiempo de ejecución, y el sistema escala automáticamente según la demanda.

Escalabilidad y tolerancia a fallos: valorizando prácticas clásicas de diseño de software para robustez continua

En entornos de producción, los modelos no operan de forma aislada. Están insertos en pipelines, servicios interdependientes y procesos críticos. Para garantizar que estos modelos operen con alta disponibilidad, deben aplicarse principios clásicos de ingeniería de software, adaptados al contexto del aprendizaje automático.

Prácticas esenciales:

- *Redundancia*: mantener réplicas del modelo en diferentes zonas de disponibilidad

- *Timeout y retries*: evitar bloqueos con políticas de reintento y límite de tiempo por solicitud

- *Circuit breakers*: interrumpir llamadas a servicios inestables para evitar propagación de fallos

- *Control de versión del modelo*: permitir que múltiples versiones coexistan y puedan ser testeadas en paralelo

- *Blue-green deployment*: implementar nuevas versiones en paralelo a la antigua, con conmutación controlada

- *Canary testing*: probar una nueva versión con una fracción del tráfico real antes de expandir

Además, el monitoreo continuo con métricas de latencia, uso de memoria, tasa de error e integridad de predicción es vital para detección temprana de problemas. Herramientas como

Prometheus, Grafana, Sentry y DataDog deben integrarse desde el inicio.

Errores comunes y soluciones

Error: API con tiempo de respuesta muy alto
Modelos grandes y carga en tiempo real pueden causar latencia excesiva.
Solución: inicializar el modelo fuera de la función de predicción, usar serialización eficiente y evaluar optimización con TensorFlow Lite.

Error: error al tratar entradas inesperadas
Usuarios externos pueden enviar datos incompletos, mal formateados o fuera del dominio.
Solución: implementar validación de entrada con tipado explícito, pruebas y mensajes de error claros.

Error: sobrecarga del servidor con múltiples solicitudes simultáneas
Servicios sin limitación o escalabilidad pueden colapsar.
Solución: configurar colas de procesamiento, usar escalado automático o arquitectura serverless.

Error: ausencia de versionado y rollback
Implantar una nueva versión sin validación o control puede comprometer la operación.
Solución: usar tags de versión, pipelines CI/CD y deploy controlado por metadatos.

Buenas prácticas

- utilice contenedores Docker para garantizar portabilidad entre entornos

- configure logs estructurados para facilitar análisis posterior

- integre pruebas automatizadas de regresión antes del deploy

- valide predicciones con datos reales antes de activar en producción

- mantenga fallback con reglas simples en caso de que el modelo quede indisponible

- registre todas las solicitudes y respuestas en bases como MongoDB o BigQuery

- evite hardcodes de rutas o parámetros, utilizando variables de entorno

- use almacenamiento externo para artefactos y evite codificar modelos en el repositorio principal

El deployment no es el final del camino de un modelo, sino el comienzo de su responsabilidad operacional. Transformar un modelo Keras en un servicio confiable, disponible y auditable requiere atención a los detalles técnicos y respeto por las buenas prácticas de ingeniería de sistemas. La inteligencia aplicada debe operar con la misma robustez que un sistema bancario, hospitalario o logístico.

Al dominar las estrategias de deployment avanzado, el profesional de machine learning amplía su actuación del laboratorio a la primera línea de los sistemas inteligentes. De prototipos prometedores a aplicaciones reales, cada línea de código en el deployment es un puente entre la ciencia y el impacto concreto. Y es ese puente, bien construido, el que sostiene la confianza en la inteligencia artificial a escala.

CONCLUSIÓN FINAL

El recorrido que hicimos a lo largo de este libro se entrelaza con dos vertientes fundamentales del ecosistema de ciencia de datos y aprendizaje automático: la consolidación de Keras como framework para el desarrollo de redes neuronales profundas y la relevancia continua de Scikit-Learn como base para tareas de clasificación, regresión, agrupamiento y preprocesamiento de datos. Aunque el enfoque de esta obra sea la aplicación práctica de Keras, no se puede ignorar que su uso adquiere aún más valor cuando se combina con bibliotecas de manipulación y análisis como Pandas, herramientas de visualización como Matplotlib y Plotly, y, sobre todo, soluciones consolidadas de modelado y validación como Scikit-Learn.

Reflexionar sobre la importancia de dominar Scikit-Learn para la ciencia de datos significa, en esencia, comprender que el aprendizaje profundo no funciona aislado en un vacío algorítmico. Se beneficia de un pipeline de preparación, validación y análisis de datos que, durante muchos años, fue estructurado por los conceptos y métodos de bibliotecas tradicionales. Scikit-Learn ofrece transformadores, validadores, métricas y flujos de trabajo que, incluso frente a las redes neuronales más avanzadas, siguen siendo cruciales para el éxito de un proyecto. Ya sea a través de validación cruzada, normalización de variables, reducción de dimensionalidad o incluso como método rápido de baseline, Scikit-Learn mantiene su lugar destacado en la formación de un profesional completo de ciencia de datos.

La sinergia entre estos dos enfoques —la lógica fundamentada de manipulación y validación de datos heredada de Scikit-Learn y el poder expresivo de las redes neuronales profundas implementadas en Keras— forma el núcleo de un pipeline robusto, capaz de enfrentar escenarios de alta complejidad. En muchos proyectos, el profesional comienza manipulando el dataset con Pandas, aplica transformaciones o selecciones de features con Scikit-Learn, y recién entonces introduce Keras para la etapa de construcción de modelos profundos, aprovechando funcionalidades como callbacks, APIs funcionales y arquitecturas especializadas. El resultado es un flujo de trabajo cohesivo, donde cada biblioteca cumple su mejor función, minimizando retrabajos y potenciando resultados.

Con esto en mente, vale la pena retomar la secuencia de capítulos que compusieron este libro "APRENDE KERAS – Domine Redes Neurales y Deep Learning con Python", detallando los conceptos fundamentales y la relevancia de cada etapa en el desarrollo de un profesional de IA autónomo y capaz de enfrentar desafíos reales.

En el Capítulo 1, establecimos el panorama histórico de Keras, su filosofía de simplicidad y cómo se diferencia de otras bibliotecas como PyTorch y TensorFlow puro. Este punto de partida contextualiza la decisión de optar por Keras, recordando que la biblioteca fue creada para hacer el desarrollo de redes neuronales accesible, con sintaxis limpia y enfoque en la experimentación rápida. Esta característica diferencial se revela esencial en un escenario donde la velocidad de prototipado y la claridad del código impactan directamente en la adopción de soluciones de machine learning.

Luego, el Capítulo 2 aborda la instalación y configuración del entorno, que es el paso inicial para todo desarrollador de IA. Garantizar que Python, TensorFlow y Keras funcionen adecuadamente permite que los proyectos subsecuentes fluyan sin bloqueos técnicos. Además, el cuidado en organizar directorios, definir entornos virtuales y adoptar buenas prácticas de versionado evita divergencias y conflictos de dependencias. Aunque parezca trivial, esta etapa define la base para la sostenibilidad de todo el pipeline de desarrollo, integrándose naturalmente con las herramientas de manipulación de datos y preprocesamiento provenientes del mundo de Scikit-Learn.

En el Capítulo 3, entra en escena la fundamentación teórica de las redes neuronales. Se revisan conceptos de neuronas artificiales, capas densas, activación y evolución histórica, recordando cómo el campo del deep learning nació desde los inicios del perceptrón. Para un lector que también transita el universo de Scikit-Learn, es interesante notar las similitudes entre el razonamiento de la regresión logística y la estructura de una capa densa, o cómo la función de costo y el gradiente descendente aparecen de forma recurrente en varios algoritmos de aprendizaje automático.

El Capítulo 4 introduce el modelo secuencial de Keras, mostrando la simplicidad de construir redes densas y evaluarlas en problemas concretos. Se exploran funciones como fit(), la forma de compilar un modelo, ajustando parámetros esenciales como optimizador, función de pérdida y métricas. Quien ya domina Scikit-Learn encuentra en Keras una extensión natural de conceptos: si en Scikit-Learn se configura un Classifier o Regressor, en Keras la idea es compilar una red definiendo la función de pérdida (análoga a loss), método de ajuste (análoga a optimizer) y métrica de evaluación (metrics). La coherencia y fluidez del ecosistema Python se manifiestan fuertemente en esta transición.

En el Capítulo 5, la discusión se profundiza en los algoritmos de optimización y funciones de pérdida. El lector comprende cómo Adam, RMSprop, SGD y otros enfoques actúan en la actualización de pesos, así como la relevancia de elegir pérdidas como binary_crossentropy, categorical_crossentropy o mean_squared_error de acuerdo con la naturaleza del problema.

Ese conocimiento resuena con los principios de validación de modelos y búsqueda de parámetros observados en Scikit-Learn, donde la elección de la función de costo y el método de ajuste impactan significativamente en el desempeño final. La capacidad de interpretar y comparar diferentes opciones de optimización es parte integral de la competencia en IA.

El Capítulo 6 marca la transición hacia arquitecturas convolucionales, las CNNs, que revolucionaron la visión computacional. El lector es invitado a crear capas Conv2D, aplicar pooling y entender cómo el padding afecta los bordes de los mapas de activación. Aunque enfocado en imágenes, este capítulo refuerza la necesidad de manipular datos en estructuras adecuadas, recordando que, antes de llegar a la red, a menudo hay todo un pipeline de preprocesamiento y normalización, donde Scikit-Learn puede brillar con sus transformadores o pipelines modulares.

El Capítulo 7 se sumerge en las redes neuronales recurrentes (RNNs), mostrando la relevancia de tratar datos secuenciales o temporales. Modelos RNN, LSTM o GRU se benefician de una elaboración de features cuidadosa, y nuevamente notamos la sinergia con herramientas externas: la extracción y manipulación de datos de series temporales o registros secuenciales es fácilmente conducida con Pandas, Scikit-Learn y, en casos de mayor complejidad, frameworks especializados. Así, cada capítulo refuerza la necesidad de un ecosistema integrado para lidiar con datos en múltiples formatos.

En los Capítulos 8 y 9, la evolución de RNNs tradicionales hacia LSTM y GRU se vuelve clara, y surgen elementos adicionales de control del flujo de entrenamiento, como callbacks, guardado de modelos y agendamiento de aprendizaje. Los callbacks permiten early stopping, chequeo de validación, ajustes de learning rate y monitoreo de métricas durante la ejecución del fit(). Hay similitud conceptual con la lógica de pipelines en Scikit-Learn, donde se separan etapas de transformación, ajuste de parámetros y validación —pero aquí, la orquestación es interna al proceso de red neuronal. El lector percibe que, ya sea con redes densas, convolucionales o recurrentes, la base del pipeline se vuelve aún más robusta cuando se integra la mentalidad de Scikit-Learn para validación y prueba.

En el Capítulo 10, la discusión sobre regularización profundiza en los conceptos de control de complejidad: Dropout, Batch Normalization y penalizaciones L1 y L2 son formas de garantizar que la red no memorice simplemente el conjunto de entrenamiento. Es un tema que también resuena en Scikit-Learn, donde métodos de regularización como Lasso y Ridge aparecen en problemas de regresión lineal. La arquitectura de la red neuronal, unida a buenas prácticas de control de overfitting, define la capacidad de generalización —y eso atraviesa toda la ciencia de datos, independientemente del algoritmo específico.

Avanzando, el Capítulo 11 trata del preprocesamiento y data augmentation. Esta es un área donde la sinergia con bibliotecas como Pandas y Scikit-Learn se manifiesta de forma tangible: al preparar datos tabulares, normalizar variables, manipular imágenes o aumentar el dataset sintéticamente, o al trabajar con texto, el uso de flujos estructurados y transformadores modulares se muestra altamente eficaz. La esencia de un pipeline robusto implica gestionar cada paso de limpieza, selección y enriquecimiento de la información para alimentar a Keras de forma adecuada.

En el Capítulo 12, el lector se encuentra con la Functional API y el modelo por subclase (Model Subclassing). Esta variante de Keras rompe las limitaciones del modelo Sequential, permitiendo redes con múltiples entradas, salidas, fusiones internas y ramificaciones. Para problemas multimodales o de alta complejidad, este recurso se vuelve imprescindible. También aquí se nota la importancia de proyectos bien estructurados, pues la complejidad del flujo de datos puede reflejar la que se ve en los pipelines modulares de Scikit-Learn, pero con énfasis en caminos neuronales y combinaciones de capas.

En el Capítulo 13, el concepto de Transfer Learning aparece como forma de aprovechar redes preentrenadas. Este método se relaciona directamente con estrategias de reutilización de conocimiento, tan útiles en Scikit-Learn al apilar transformaciones o combinar estimadores en pipelines. La idea de congelar capas y realizar fine tuning muestra cómo el deep learning se alinea al principio de no reinventar la rueda cuando ya existen modelos robustos para imágenes, texto o voz.

El Capítulo 14 aborda autoencoders y reducción de dimensionalidad, conectando con el universo de PCA y otras técnicas de compresión en Scikit-Learn. La diferencia central es que, mientras PCA es lineal, los autoencoders pueden capturar relaciones no lineales, acercándose a problemas de reconstrucción y codificación de datos complejos. La sinergia permanece evidente: quien domina pipelines de manipulación de datos en Scikit-Learn percibe cuán simple es insertar un autoencoder como etapa intermedia de extracción de características.

Luego, el Capítulo 15 introduce las redes GAN (Generative Adversarial Networks), ampliando aún más el espectro de aplicaciones. Las GAN son revolucionarias en la generación de datos sintéticos y tareas creativas. El desarrollo de una GAN se beneficia de scripts de validación y manipulación del dataset que, aunque no sean nativos de Scikit-Learn, pueden fortalecerse si se integran al conjunto de transformadores para datos tabulares, cuando la aplicación requiere manipulación previa de atributos o etiquetas.

En el Capítulo 16, el uso de Keras para NLP (Procesamiento de Lenguaje Natural) se expande al abordar embeddings, tokenización y modelos seq2seq. La transición hacia el tratamiento de texto, con subpalabras o tokens, retoma conceptos esenciales de manipulación de datos que pueden ser facilitados por Pandas para organizar corpus, y por transformadores de Scikit-Learn para ciertas codificaciones. La mentalidad de pipeline se mantiene, y ver este flujo integrado es lo que garantiza solidez técnica.

En el Capítulo 17, surgen herramientas de depuración y visualización como TensorBoard. Este avance, aunque específico de redes neuronales, se alinea con la mentalidad de ciencia de datos que valora el seguimiento de experimentos y la comprensión profunda de cómo evoluciona el modelo a lo largo del entrenamiento. En escenarios tradicionales de machine learning, un análogo sería analizar logs y reportes de validación cruzada. La diferencia está en que, en deep learning, la complejidad de la arquitectura invita al uso de herramientas específicas para visualizar activaciones y distribuciones de pesos.

A partir del Capítulo 18, el foco se desplaza hacia la aplicación práctica en entornos de producción. La importancia de guardar y cargar modelos, garantizar la reproducibilidad y el versionamiento, es algo que la comunidad de Scikit-Learn ya conoce bien con la práctica de serialización de modelos vía joblib y pipelines, pero en el universo de Keras ese cuidado se vuelve aún más crítico, dadas las dimensiones de los archivos de pesos y la necesidad de compatibilidad con versiones específicas de TensorFlow.

El Capítulo 19 discute escalabilidad y distribución, abordando entrenamiento en GPU, TPU y clusters, mientras que el Capítulo 20 explora el ajuste de hiperparámetros con Keras Tuner. Estos dos temas ilustran cómo el uso de deep learning alcanza niveles profesionales, exigiendo la orquestación de recursos computacionales poderosos y la automatización del ajuste de modelos. El equivalente en el universo de Scikit-Learn sería la búsqueda de parámetros vía GridSearchCV o RandomizedSearchCV. El principio sigue siendo el mismo: sistematizar experimentos para encontrar configuraciones óptimas basadas en métricas sólidas.

En los Capítulos 21 y 22, cobran protagonismo el monitoreo, la observabilidad y el MLOps. La idea de integrar pipelines CI/CD, bien conocida en DevOps, se extiende para gestionar modelos que evolucionan, reciben datos distintos y necesitan vigilancia contra drift. La consolidación de logs, métricas y alertas se alinea con las buenas prácticas de Scikit-Learn, que siempre enfatizó validaciones rigurosas, pero eleva ese rigor a un entorno de producción de IA, donde los errores pueden significar daños económicos, reputacionales o regulatorios.

El Capítulo 23 trata la interpretación de modelos, presentando técnicas como saliency maps y Grad-CAM. Una vez más, la necesidad de entender por qué la red tomó una decisión determinada no es exclusiva de Keras ni del deep learning. Métodos de interpretabilidad existen en Scikit-Learn —como la importancia de variables en Random Forests o en regresiones lineales—, sin embargo, en redes neuronales la complejidad subyacente exige enfoques específicos que revelen dónde se concentra la atención del modelo.

En el Capítulo 24, la integración con bibliotecas como Pandas, Matplotlib y la propia Scikit-Learn demuestra la fuerza de un ecosistema unificado. Este capítulo, en particular, consolida el mensaje de que Keras no está aislado; forma parte de un conjunto de herramientas que amplifican considerablemente la productividad y claridad de los proyectos. La conexión entre manipulación de datos, modelado, visualización y evaluación se vuelve natural cuando se domina Scikit-Learn para el preprocesamiento, Keras para la modelización profunda y bibliotecas de visualización para el análisis final.

Finalmente, el Capítulo 25 cubre el despliegue avanzado de modelos, discutiendo APIs REST, arquitecturas serverless y prácticas de escalabilidad. Esta fase final es donde todos los elementos de la ciencia de datos se unen: el pipeline de manipulación y validación (Scikit-Learn y Pandas) prepara los datos, el modelo Keras ejecuta la lógica de predicción, y el sistema de deployment garantiza disponibilidad, desempeño y confiabilidad. Es el ápice de un proyecto bien estructurado, donde cada capítulo anterior encuentra su aplicación práctica.

Esta síntesis es el resultado de una progresión cuidadosamente planificada, siguiendo el Protocolo TECHWRITE 2.2, que busca unir teoría y práctica de forma equilibrada, sin lagunas ni redundancias. Cada capítulo aborda conceptos clave y ofrece ejemplos validados, describe errores comunes y soluciones, y sugiere buenas prácticas de ingeniería de software y ciencia de datos. Para quienes provienen del universo de Scikit-Learn, la transición a Keras se vuelve intuitiva, ya que muchas de las convenciones —como separar datos en entrenamiento y validación, medir métricas de precisión o F1, y ajustar hiperparámetros sistemáticamente— se mantienen, aunque cada biblioteca tenga sus particularidades.

Todo este recorrido deja en claro la importancia de dominar Scikit-Learn como base para la ciencia de datos. No solo complementa a Keras, sino que sustenta el pipeline de manipulación, exploración y preparación de datos que alimenta redes neuronales profundas. Es un vínculo fundamental entre la fase inicial de análisis estadístico y la implementación de modelos sofisticados. El conocimiento profundo de las rutinas de Scikit-Learn y la fluidez con transformadores, validadores y pipelines ayudan en la construcción de soluciones integradas, donde el deep learning se convierte en solo un componente más dentro de un ecosistema de análisis y modelado.

Al cerrar este libro, queda el mensaje de que la verdadera maestría en inteligencia artificial no surge de aislamientos algorítmicos. Surge, en cambio, de la capacidad de navegar por diferentes capas de la ingeniería de datos, comprender el espectro de técnicas lineales y no lineales, y articular herramientas clásicas y modernas en proyectos reales. Keras ofrece accesibilidad y poder expresivo para redes neuronales, mientras que Scikit-Learn proporciona el marco técnico para tareas que van desde la selección de atributos hasta validaciones extensas. Juntos, forman la base de una práctica coherente de machine learning aplicado, donde el profesional no se limita a un solo enfoque, sino que elige, integra y personaliza métodos según las necesidades del problema.

La expectativa es que cada lector, a lo largo de estos capítulos, haya desarrollado un mayor sentido de autonomía y confianza para enfrentar desafíos prácticos en el campo del deep learning. Desde la construcción de redes neuronales densas, pasando por convoluciones y recurrencias, hasta llegar a transfer learning, autoencoders, GANs y MLOps, el lector ha recorrido una formación progresiva que abarca conceptos teóricos y estrategias operativas. El estudio de cada tema fue complementado con consejos, ejemplos y reflexiones sobre errores comunes y sus respectivas correcciones.

Es importante reconocer que el camino del aprendizaje automático es dinámico. Las bibliotecas evolucionan, surgen nuevas arquitecturas y métodos de regularización, y la comunidad constantemente presenta frameworks o paradigmas innovadores. Sin embargo, el dominio de los fundamentos — arquitecturas de red, funciones de activación, optimización, regularización, pipelines y validación— permanece como la base inquebrantable que permite que un desarrollador, científico de datos o investigador se adapte a estos avances.

Agradecemos profundamente a cada lector que nos ha acompañado hasta aquí. Esperamos que el conocimiento adquirido abra puertas para aplicaciones creativas, proyectos audaces y soluciones de impacto en distintos sectores de la industria y la investigación. Que estas páginas sirvan como consulta recurrente, guía de referencia y fuente de inspiración para resolver problemas complejos, escalar modelos de vanguardia y mantener la calidad analítica en cada etapa del ciclo de vida de un proyecto de inteligencia artificial.

En nombre de todo el equipo que participó en la concepción

y producción de este libro, expresamos nuestra gratitud por la confianza depositada y por el tiempo dedicado a absorber estos conocimientos. El universo del aprendizaje profundo se expande rápidamente, pero la esencia del machine learning —recoger, limpiar, analizar, modelar e implementar— permanece anclada en los buenos principios de ingeniería de software, pruebas rigurosas, versionamiento y colaboración.

Invitamos a cada lector a continuar la búsqueda de nuevas experiencias y al intercambio de resultados con la comunidad, para que el ciclo de innovación siga vivo. Siempre hay un nuevo desafío esperando soluciones inteligentes, y cada dominio tecnológico se enriquece cuando hay intercambio y construcción colectiva del conocimiento.

Sigue adelante con la consciencia de que la ciencia de datos y el deep learning no son fines en sí mismos, sino herramientas al servicio de problemas reales. Dominar Keras y comprender cómo interactuar con bibliotecas esenciales del ecosistema Python, en especial Scikit-Learn, habilita al profesional a transitar desde la exploración de datos hasta la entrega de servicios predictivos. El mensaje final es de aliento: al unir teoría y práctica, dominar pipelines y arquitecturas, y aplicar principios sólidos de ingeniería de software, el puente entre la idea y la solución real se vuelve cada vez más corto y productivo.

Cordialmente,
Diego Rodrigues & Equipo!

Autor técnico internacional (tech writer) enfocado en la producción estructurada de conocimiento aplicado. Es fundador de StudioD21 Smart Tech Content & Intell Systems, donde lidera la creación de frameworks inteligentes y la publicación de libros técnicos didácticos con soporte de inteligencia artificial, como las series Kali Linux Extreme, SMARTBOOKS D21, entre otras.

Poseedor de 42 certificaciones internacionales emitidas por instituciones como IBM, Google, Microsoft, AWS, Cisco, META, Ec-Council, Palo Alto y la Universidad de Boston, actúa en los campos de Inteligencia Artificial, Machine Learning, Ciencia de Datos, Big Data, Blockchain, Tecnologías de Conectividad, Ethical Hacking e Inteligencia de Amenazas (Threat Intelligence).

Desde 2003, ha desarrollado más de 200 proyectos técnicos para marcas en Brasil, EE. UU. y México. En 2024, se consolidó como uno de los principales autores de libros técnicos de la nueva generación, con más de 180 títulos publicados en seis idiomas. Su trabajo se basa en el protocolo propio de escritura técnica aplicada TECHWRITE 2.2, orientado a la escalabilidad, precisión conceptual y aplicabilidad práctica en entornos profesionales.

Este libro está dirigido a desarrolladores, científicos de datos y estudiantes que desean dominar la creación de redes neuronales con Keras en aplicaciones reales.

Aprenderás a estructurar modelos avanzados de deep learning con enfoque en producción, interpretabilidad y rendimiento.

Explora técnicas modernas como redes convolucionales, RNNs, LSTM, GRU, transferencia de aprendizaje, autoencoders, GANs y despliegue en entornos serverless. El enfoque práctico garantiza dominio técnico en la construcción, validación y optimización de modelos con integración al ecosistema Python.

Incluye:

• Configuración de entornos con TensorFlow y GPUs

• Construcción de modelos secuenciales, funcionales y personalizados

• Aplicaciones con CNNs, RNNs, LSTM y embeddings

• Técnicas de regularización, ajuste, callbacks y observabilidad

• Despliegue con FastAPI, AWS Lambda y MLOps escalable

Al final, dominarás completamente Keras como framework profesional para aplicaciones robustas de inteligencia artificial.

ISBN 9798281936637

90000

9 798281 936637